LE CONTRAT
DE DÉFIANCE

DU MÊME AUTEUR

PENSER LE CORPS, PUF, 2002.

LA PORNOGRAPHIE OU L'ÉPUISEMENT DU DÉSIR, Buchet/Chastel, 2003.

STRANIERO NEL CORPO, Milan, Giuffrè, 2004.

G.E. MOORE'S ETHICS : GOOD AS INTRINSINC VALUE, Lewinston, NY, The Edwin Mellen Press, 2004.

LA FIDÉLITÉ OU L'AMOUR À VIF, Buchet/Chastel, 2005.

MALAISE DANS LA SEXUALITÉ, J.-C. Lattès, 2006.

JE CONSENS, DONC JE SUIS... ÉTHIQUE DE L'AUTONOMIE, PUF, 2006.

LA PHILOSOPHIE DU CORPS, PUF, « Que sais-je ? », 2007.

NAIN ET ALORS ? (avec S. Huet), Buchet/Chastel, 2007.

DICTIONNAIRE DU CORPS (dir.), PUF, 2007.

L'ÉTHIQUE APPLIQUÉE, PUF, « Que sais-je ? », 2008.

EXTENSION DU DOMAINE DE LA MANIPULATION, Grasset, 2008.

MICHELA MARZANO

LE CONTRAT DE DÉFIANCE

BERNARD GRASSET
PARIS

Photo de couverture :
© Gettyimages.

ISBN 978-2-246-75851-8

Pour Jacques

La confiance n'est pas une illusion vide de sens. À long terme, c'est la seule chose qui puisse nous assurer que notre monde privé n'est pas aussi un enfer.

Hannah Arendt

Introduction

Dans une célèbre histoire juive, un père demande à son fils de sauter par la fenêtre. Au départ, l'enfant, effrayé, hésite. « Tu n'as pas confiance en ton propre père ? », dit ce dernier pour rassurer son fils. Celui-ci se décide enfin à sauter. En tombant par terre, il se blesse. « Désormais tu le sais, dit le père devant l'enfant en larmes. Tu ne dois avoir confiance en personne. Même pas en ton propre père ! » Cette histoire bizarre pose une question fondatrice. Si je peux être trahi même par mon propre père, comment puis-je tout simplement avoir confiance en quelqu'un ? Si je ne peux avoir confiance en personne, comment puis-je imaginer qu'on me fasse aussi confiance ? Et il faut aller plus loin. Si nous ne pouvons pas compter les uns sur les autres, comment bâtir une société digne de ce nom ?

La confiance est le ciment de nos sociétés. Pourtant, si tout le monde l'évoque, rares sont ceux qui en saisissent réellement la nature. Chacun de nous voudrait vivre dans un monde où les gens sont « dignes » de confiance. Mais encore faudrait-il savoir ce que cela signifie réellement. Aujourd'hui, la confiance est partout. Elle est même prétexte à slogans publicitaires. Les entreprises comme les hommes politiques parlent du « contrat de confiance » qu'ils voudraient passer avec leurs consommateurs ou leurs électeurs. Durant la crise des *subprimes*, les économistes n'ont cessé d'évoquer la confiance. Pourtant, qui s'est jamais soucié de sa nature profonde ? Or, de la confiance dans une banque à la confiance dans la politique, en passant par la confiance en ses parents, ses amis ou ses partenaires, chacun mesure qu'il y a bien des nuances, pour ne pas dire des différences. Peut-on comparer le crédit qu'on accorde aux hommes de pouvoir avec la confiance que l'on fait à son conjoint ? Parle-t-on exactement de la même chose ? Et si on ne parlait autant de la confiance que parce que nous vivons dans un monde où les gens sont de plus en plus méfiants ?

Les signes de cette suspicion grandissante sont aujourd'hui légion. La crédibilité de nos élites s'effrite. D'après les sondages d'opinion, les citoyens font de moins en moins confiance aux hommes politiques, aux chefs d'entreprise, aux banquiers, au marché, aux médias, aux prêtres, aux juges, etc. À tel point que certains pensent que nous sommes entrés dans des « sociétés de défiance »[1]. Beaucoup sont de plus en plus pessimistes vis-à-vis de l'avenir… et finalement doutent d'eux-mêmes. D'autres ont basculé dans le scepticisme généralisé et sont devenus des adeptes inconditionnels

---

1. Yann Algan, Pierre Cahuc, *La Société de défiance*, Paris, Presses de l'École normale supérieure, 2007.

des théories du complot à la Dan Brown. Pour le dire autrement, chacun se sent menacé par les bouleversements du monde contemporain et par l'obligation de s'y adapter le plus vite possible. Est-ce un trait de notre modernité, où tout est flexible, éphémère et « liquide »[1], où rien ne dure, car les liens entre les êtres humains sont de plus en plus fragiles ? En partie, bien sûr. De plus en plus individualistes, incapables de sortir de notre solitude existentielle, nous finissons par perdre toute confiance en autrui. Pis, le management contemporain nous enseigne que montrer nos faiblesses et nos failles signifie donner aux autres la possibilité de nous blesser et de nous dominer[2]. Au fond de nous, nous sommes convaincus que l'Autre est une menace. Mais cette attitude n'est pas totalement nouvelle. Déjà pour La Fontaine, la méfiance est « mère de la sûreté » : pour le moraliste, en me méfiant d'autrui, je suis sûr de ne pas être trompé. En apprenant à me protéger des autres, je ne cours pas des risques inutiles…

Faut-il alors conclure que la défiance – et non la confiance – serait aux origines de la société ? Quelle triste conclusion, propre à alimenter tous les pessimismes ! Heureusement, rien n'est moins sûr. Car si personne ne fait confiance à personne, il ne serait même pas possible d'envisager l'existence d'une communauté. C'est la fameuse critique que Montesquieu adresse au pessimisme

---

1. Zygmunt Bauman, *L'Amour liquide. De la fragilité des liens entre les hommes* (2003), Rodez, Chambon, 2004.
2. Michela Marzano, *Extension du domaine de la manipulation. De l'entreprise à la vie privée*, Paris, Grasset, 2008.

anthropologique de Hobbes. Il n'est pas « raisonnable », selon Montesquieu, d'appliquer à l'homme naturel les ambitions de puissance de l'homme civilisé, comme le fait Hobbes en proclamant que « l'homme est un loup pour l'homme ». En effet, remarque l'auteur de l'*Esprit des lois*, l'homme primitif est d'abord mû par son désir de conservation et il est animé par la crainte de sa médiocre condition. Le sauvage est plus fragile que nombre des grands fauves qui l'entourent. Et il le sait. Pour survivre, il a besoin d'autrui. « La crainte porterait les hommes à se fuir, note Montesquieu ; mais les marques d'une crainte réciproque les engageraient bientôt à s'approcher ». Hobbes aussi considérait que la « crainte mutuelle » pouvait expliquer l'origine des sociétés. Mais Montesquieu va bien plus loin. Pour lui, les sauvages ne sont pas poussés seulement par la crainte, mais aussi par le « plaisir qu'un animal sent à l'approche d'un animal de son espèce ». Il existe un « désir de vivre en société » qui s'explique par cette confiance que l'homme naturel accorde à son semblable dans l'adversité de l'état de nature. Montesquieu renverse donc la perspective pessimiste de Hobbes : à l'origine était la confiance...

De fait, une société sans confiance est une société sans squelette. La méfiance est un cercle vicieux qui finit par fragiliser le monde social, comme on a pu s'en apercevoir lors de la crise des *subprimes*. À force d'avoir trompé autrui pendant des années, le capitalisme a été pris de vertige et s'est mis à ne plus avoir confiance même en ses propres produits (notamment financiers). C'est la triste leçon des moralistes français du

XVIIe siècle comme La Rochefoucauld. Ma propre méfiance « justifie la tromperie d'autrui ». Sans un minimum de confiance, le monde social s'effrite et devient invivable. Mieux… Sans confiance, c'est la survie même de l'individu qui est en danger. Comment accepterais-je ne serait-ce que de me nourrir sans confiance dans le fait que la nourriture que j'achète et que je mange n'est pas toxique ? Comment pourrais-je sortir de chez moi le matin si je n'étais pas sûr de pouvoir y retourner le soir ? Même une croyance aussi profonde que celle de mon nom peut être ébranlée si je doute de mes parents. Suis-je bien leur enfant ? Cette crainte est frappante chez un petit. Elle s'apaise avec la confiance qu'il acquiert. Mais cette certitude concernant le nom que je porte, celui qui est marqué sur mes papiers d'identité, pourrait bien s'effondrer si je n'avais plus confiance dans mes parents ou dans certaines institutions…

La confiance renvoie à l'idée qu'on peut se fier à quelqu'un ou à quelque chose. Le verbe *confier* (du latin *confidere : cum,* « avec » et *fidere* « fier ») signifie qu'on remet quelque chose de précieux à quelqu'un, en s'abandonnant à sa bienveillance. Lorsque je pense être avec un ami, avec quelqu'un que j'aime et qui m'aime en retour, je peux décider de lui avouer mes craintes ou de lui révéler mes secrets. Je peux aussi confier mes biens ou encore faire crédit à quelqu'un, si j'ai confiance en sa solvabilité, même si cette personne n'est pas à proprement parler un ami ou un proche. Mais je peux aussi croire trop facilement à ce qu'on me raconte et finir par devenir crédule : je peux me fier aux apparences et être trompé. D'où les liens étroits qui existent, du moins au niveau étymologique, entre la confiance, la confidence, le crédit, la crédulité, la foi, la fidélité. Il en va de même lorsqu'on renverse les rapports et que l'on parle de la fiabilité. Je peux être quelqu'un de loyal et remplir mes engagements. Mais il peut aussi m'arriver de faire des promesses sans avoir l'intention de les tenir ou encore de donner ma parole et puis, le moment venu, de ne plus être capable de la respecter… Qu'est-ce alors que la confiance ?

Étrangement, les philosophes ont négligé d'étudier le concept de confiance. Depuis l'Antiquité, peu d'entre eux se sont intéressés à cette notion aussi riche que mystérieuse. Au Moyen Âge, les penseurs chrétiens l'ont rattachée à la foi : pour saint Thomas, par exemple, seuls les hommes de foi sont dignes de confiance[1]. À l'époque moderne, Locke en fait le cœur de sa théorie politique : la société repose, selon lui, sur un rapport de confiance mutuelle entre le gouvernement et le peuple[2]. À l'époque contemporaine, ce sont surtout les économistes et les sociologues qui se sont emparés du concept. Les uns considèrent la confiance comme le ressort du développement économique : elle serait nécessaire pour stabiliser les relations commerciales et financières. Les autres la définissent comme

1. Thomas d'Aquin, *Somme théologique*, Paris, Cerf, 1984, II-IIae, 4, 7.
2. John Locke, *Traité du gouvernement civil* (1690), Paris, Garnier-Flammarion, 1984, chap. XIX, § 228.

un mécanisme de réduction de la complexité sociale : elle permettrait de faire face aux défis et aux risques du monde[1]. En abandonnant la confiance aux sociologues et aux économistes, les philosophes ont laissé cette notion se réduire à sa portion congrue, c'est-à-dire à un synonyme de *crédit*. Ce qui veut dire qu'on ne prend en compte que sa dimension contractuelle, sans comprendre que, le plus souvent, c'est parce que nous n'avons pas confiance que nous « contractons » et que nous rentrons dans la *logique symétrique* du rapport créancier-débiteur. Dans ce *donnant-donnant* juridique, nous sommes tous amenés, un jour ou l'autre, à « demander des comptes ». C'est le contraire de la véritable confiance. Le contrat, cet « acte majeur » de la société libérale, signifie implicitement que nous ne nous fions pas les uns aux autres.

Je voudrais montrer dans ce livre que la confiance, à la différence du crédit, renvoie à la fois à quelque chose de *fondamental* et de *dangereux*. Elle est *fondamentale* car, sans confiance, il est difficile d'envisager l'existence même des relations humaines : des rapports de travail jusqu'à l'amitié, en passant bien évidemment par l'amour, toute relation semble devoir s'appuyer sur un noyau minimal de confiance mutuelle. La confiance s'oppose directement aux impasses de la peur qui devient un des maux de notre modernité clivée entre une valorisation des certitudes, ce qui

1. Niklas Luhmann, *La Confiance. Un mécanisme de réduction de la complexité sociale* (1968), Paris, Economica, 2006.

s'exprime souvent par l'héroïsation de la toute-puissance de la volonté – je crois pouvoir tout contrôler, mes émotions, mon avenir, la carrière de mes enfants... – et une peur obsédante de tout ce qui échappe, ou semble échapper, au contrôle. Dans nos sociétés occidentales, surtout anglo-saxonnes, on pense pouvoir tout gérer, au point de culpabiliser ceux qui échouent, le manque de maîtrise de soi étant l'indice d'une regrettable défaillance qu'il faudrait, tôt ou tard, corriger. C'est pourquoi chacun craint l'irruption de l'inattendu : nous avons tellement peur du futur, que nous sommes prêts à toutes sortes de comportements compulsifs pour neutraliser ce que nous percevons comme dangereux. Mais les comportements compulsifs visant à combattre la peur ne font souvent qu'engendrer une angoisse encore plus grande. Le mécanisme ne fait alors que s'auto-alimenter, dans une escalade sans fin. Car la peur est souvent irrationnelle et toujours contagieuse. Et à force de tout mettre en œuvre pour éloigner le danger, on assiste à une surenchère de l'angoisse. À la différence de la peur qui porte chacun à s'enfermer à l'intérieur d'un univers clos, où rien n'est plus possible, la confiance aide à sortir de cet état de paralysie. Elle nous permet de parier de nouveau sur nous-mêmes, sur les autres, sur l'avenir, en cassant le cercle vicieux de l'angoisse.

Mais la confiance est *dangereuse* aussi : elle implique toujours le risque que le dépositaire de notre confiance ne soit pas à la hauteur de nos attentes ou, pire encore, qu'il trahisse délibérément la confiance que nous lui faisons. La confiance est un *pari* humain. C'est pourquoi il semble y avoir quelque chose de commun à la confiance et à la foi, dans le sens où son résultat n'est jamais garanti[1]. Mais à la différence de la foi qui est insondable (je crois sans savoir pourquoi), lorsque je fais confiance, il existe des raisons qui me poussent à accorder ou non ma confiance et qui peuvent, en principe, me permettre de justifier mon attitude : à tort ou à raison, je pense que la personne en qui j'ai confiance est quelqu'un de fiable. Au moins tant qu'elle ne me trahit pas… Mais la confiance s'apprend uniquement à partir du moment où l'on accepte de « sauter » par la fenêtre, pour revenir à notre histoire juive, même si nous n'avons pas la certitude qu'il y aura des bras pour nous rattraper. Si je saute uniquement lorsque je suis sûr que des bras m'attendent pour m'empêcher de me blesser, c'est que je n'ai jamais vraiment eu besoin de confiance. Or dans la vie, en dépit des promesses, l'accident se produit et il arrive de tomber par terre : l'être humain peut trahir, mais c'est justement parce qu'il a la possibilité de trahir qu'il est humain et qu'il est vivant, car il n'a pas renoncé à la complexité de son désir.

Le désir est toujours extrêmement complexe. S'il nous permet d'exprimer notre « puissance d'être », pour reprendre la célèbre formule de Spinoza, il est aussi ambigu, contradictoire, opaque… C'est d'ailleurs dans l'ambivalence du mélange entre confiance et

---

1. Georg Simmel, *Sociologie. Étude sur les formes de la socialisation*, Paris, PUF, 1999, p. 356.

trahison que les affects, l'amour ou l'amitié, peuvent réellement surgir. En dehors de cela, il n'y a que des conventions ou des contrats, conçus, certes, pour exclure le risque, mais qui ne relèvent pas de l'humanité des affects, de leur fragilité et de leur richesse.

Ainsi la confiance ne se *décrète* pas ; elle ne *s'exige* pas non plus. Lorsqu'on s'en remet à quelqu'un en pariant sur sa bienveillance, on n'a jamais la certitude que cette confiance sera honorée. Je peux toujours espérer ne pas être déçu. Mais je ne peux jamais empêcher la trahison. La confiance porte toujours en elle la possibilité d'un non-retour. Sa logique est similaire à celle du don ; c'est une *logique asymétrique*, c'est-à-dire qu'on ne peut exiger qu'elle soit honorée, quitte à la dénaturer et à la transformer en quelque chose d'autre.

On comprend que je ne partage nullement la vision formelle de la confiance que nous livre Alain Peyrefitte dans son fameux essai sur la « société de confiance ». S'inspirant de la philosophie libérale utilitariste anglo-saxonne, l'ancien ministre du général de Gaulle nous propose une conception logiquement cohérente, mais humainement impraticable : « Pas de confiance sans fiabilité. *Confiance oblige.* Je ne peux, autrui ne peut, avoir et garder confiance en moi, si je ne suis pas digne de cette confiance : "régulier", c'est-à-dire rigoureux, ferme, fidèle à mes engagements, à mon projet, à mes devoirs[1]. » Mais qui peut réellement se

1. Alain Peyrefitte, *La Société de confiance* (1995), Paris, Odile Jacob, 2005, p. 515.

dire « rigoureux » et « ferme », au point d'être toujours fidèle à ses engagements et à ses devoirs, sans renoncer aux contradictions de son désir ? Où est dans la réalité de la vie cet homme « régulier » ? Où peut-on le rencontrer ? Ne sommes-nous pas en pleine illusion sur la vérité humaine ?

Le philosophe ne peut réfléchir à partir d'un homme idéal qui n'existe pas. Le propre de la philosophie n'est ni d'observer les êtres humains comme des animaux de laboratoire, ni d'aspirer, comme les savants dont se moque Hannah Arendt, « à la découverte de formules, exprimées de préférence dans un langage pseudo-mathémathique, susceptibles d'unifier les phénomènes les plus disparates que la réalité peut offrir[1] ». Contrairement à ces savants, le philosophe s'intéresse à la complexité des problèmes humains et cherche à s'interroger sur le sens des actions que l'homme accomplit, sur la signification des relations qu'il établit avec les autres.

M'inscrivant en faux contre l'idéologie managériale dominante qui a tendance à penser, comme ultime refuge d'un monde de plus en plus méfiant, que la seule confiance digne de ce nom est la *confiance en soi*, l'assurance de ne dépendre de personne, je voudrais alors montrer qu'il faut, certes, croire en soi pour pouvoir ensuite s'ouvrir aux autres, mais que cette confiance, cette « estime de soi » comme l'appellent certains gourous d'entreprise, n'est pas suffisante. Si je ne suis pas

1. Hannah Arendt, *Du mensonge à la violence*, Paris, Calmann-Lévy, 1972, p. 15.

disposé à me remettre en question, c'est le rapport à l'autre qui n'est plus envisageable. Si j'ai trop de certitudes, je me prive de la possibilité de découvrir, grâce aux autres, des aspects de ma personnalité que seul autrui peut me permettre de saisir. En faisant confiance à l'autre, « le moi s'abandonne en toute sécurité à sa représentation d'un être se développant à partir de raisons invocables, qui cependant ne la constituent pas[1] ». Ainsi se présente toute la complexité de la relation de confiance : elle oblige à un « saut » dans l'inconnu.

1. Georg Simmel, *Philosophie de l'argent*, Paris, PUF, 1987, p. 197.

PREMIÈRE PARTIE

La crise du crédit

CHAPITRE PREMIER

La fin de la loyauté

> En vérité, le mentir est un maudit vice. Nous ne sommes hommes et ne tenons les uns aux autres que par la parole.
>
> Montaigne, « Des menteurs », *Essais*

Lorsque, en janvier 2010, deux ans après l'éclatement de la crise des *subprimes*, Jean-Pierre Jouyet, président de l'Autorité des marchés financiers (AMF), adresse ses vœux à la presse, il ne mâche pas ses mots : « Que deux Français sur trois n'aient plus *confiance* dans les conseils donnés par leurs banques devrait faire réfléchir. » L'ancien ministre, devenu le « juge de paix » de la place financière de Paris, sait de quoi il parle. Il sait surtout ce qui menace le monde de la finance. Pour éviter le pire, il professe une sorte de retour aux sources de ce que devrait être le métier de conseil financier. Le banquier ne doit pas perdre de vue sa finalité : il est d'abord et avant tout au service du client. Comme le précise la bible de Goldman Sachs, *Our Business Principles*, « l'intérêt de nos clients vient toujours en premier lieu ». Mais cela a-t-il été réellement le cas pendant ces dernières années ? N'est-ce pas parce que le monde de la finance a donné l'impression d'avoir négligé, voire oublié, cette évidence que la crise de confiance a éclaté ? Certes, la finance française n'est pas parmi la plus touchée par le délire des *subprimes.* Paris n'est pas Londres, New York ou même Madrid. Pourtant, en jouant avec l'argent de leurs clients, certaines banques ont pris des risques inconsidérés et ont desservi les autres. D'ailleurs leur attitude en 2009-2010 n'a fait qu'accentuer cette méfiance. Un retour de croissance, même fugace, et les financiers ont été fort nombreux à retourner à la table du casino. Quel client n'a pas, depuis, ce vague sentiment d'être en permanence le dindon d'une farce qu'il ne maîtrise pas ? Et les enquêtes judiciaires ne cessent de dévoiler des pratiques frauduleuses au détriment des clients de certaines banques. Même la prestigieuse Goldman Sachs, en avril 2010, vient d'être rattrapée par la justice (*Le Monde,* 18 avril 2010). Alors à qui se fier ?

Comme le montre une étude commandée par l'Union financière de France (UFF) et réalisée par IFOP, au début de 2010, 57 % des personnes interrogées n'ont plus confiance en leurs conseillers bancaires et sont convaincues que ces derniers servent avant tout leurs propres intérêts. Beaucoup sont plus généralement méfiants vis-à-vis du système bancaire et voudraient faire appel à un conseiller spécialisé qui ne vise pas avant tout à augmenter le chiffre d'affaires de sa banque. Quand on sait qu'en interne, un « conseiller » est jugé « bon » sur la base de ses résultats, c'est-à-dire en fonction des ventes et des produits qu'il place, et qu'il est soumis à un « contrat de performance », on ne peut leur donner vraiment tort. Certes, une banque doit bien pouvoir vivre et prospérer. Mais doit-elle le faire sur le dos de ses petits clients ? D'autant que dans le premier trimestre de 2009, après le sauvetage des banques par l'État, la Société générale, le Crédit agricole et d'autres établissements n'ont pas hésité à octroyer à leurs traders les plus aventureux des bonus, quand ce n'est pas des stock-options à leurs dirigeants. Personne, dans les couloirs feutrés de ces élégants établissements financiers, n'y voyait matière à scandale. Le bon sens et l'éthique semblaient avoir définitivement abandonné cette profession. Il a même fallu que l'Élysée intervienne avec un décret interdisant les mesures les plus choquantes, notamment pour les établissements qui avaient reçu des aides publiques. Certaines directions de grandes banques et d'institutions financières continuent à faire comme si les montagnes d'argent public déversées pour les aider n'avaient pas changé la donne. Le nombre de chômeurs explose du fait de leurs pratiques antérieures qui ont cassé la dynamique de croissance. Mais cela ne les émeut pas. Dans de telles conditions, comment la confiance peut-elle renaître si les institutions financières ne reconnaissent pas leur responsabilité ? Comme il semble loin le temps où les notions de « bonne foi » et d'« honneur » structuraient nos sociétés…

Il était une fois…

En 1637, quand *Le Cid* se joue pour la première fois, la France de Louis XIII se ressent encore de ses origines chevaleresques. La hiérarchie des valeurs qui sous-tend cette société semble intangible. Chacun n'a qu'une parole : il en va de sa réputation et de son honneur. La confiance n'est pas un simple sentiment. Elle représente le socle communautaire, un postulat nécessaire à la mise en place du lien social. Chaque fois qu'on signe un contrat et qu'on scelle une alliance, on s'engage à la première personne. Tous partagent l'idée que la confiance se fonde sur la « bonne foi générale ». C'est grâce à cette bonne foi que chacun est à même de croire non seulement que l'autre ne se montrera pas ingrat et n'abusera pas de la confiance reçue, mais aussi que son mensonge, « c'est-à-dire sa perfidie, ne trompera pas notre crédulité[1] ». L'idée qu'existent des personnes dignes de confiance dont on n'a pas à se méfier, reste une croyance partagée : il y a des personnes capables de tenir leurs engagements et d'obéir aux règles de l'honneur et de la probité. Ainsi, quand Rodrigue se trouve en conflit entre l'amour qu'il porte à Chimène et celui qu'il doit à son père, ce conflit qui nous déchire n'en est en réalité pas un pour notre héros. Rodrigue incarne une confiance vertueuse, qui surgit au point même où « le cri

1. Vladimir Jankélévitch, *Les Vertus et l'amour*, Paris, Flammarion, 1986, t. I, p. 144.

naturel de l'orgueil rencontre le sublime de la liberté[1] ». Sa loyauté est faite à la fois de son attachement spontané à sa famille et de son engagement délibéré vis-à-vis de Chimène. Ce qui semblerait placer Rodrigue devant une situation conflictuelle. Mais ce n'est qu'une apparence, car l'arbitrage, pour cette « grande âme », est encore possible. Chimène aussi est une héroïne : elle ne saurait estimer Rodrigue si ce dernier renonçait à défendre l'honneur de son père. « Je ne te puis blâmer d'avoir fui l'infamie, lui dit-elle. Et de quelque façon qu'éclatent mes douleurs, je ne t'accuse point, je pleure mes malheurs. Je sais ce que l'honneur, après un tel outrage, demandait à l'ardeur d'un généreux courage, tu n'as fait le devoir que d'un homme de bien[2]. » En accomplissant son devoir filial, Rodrigue n'est pas blâmé par Chimène. L'un et l'autre respectent les valeurs d'une société qui place la loyauté au-dessus de tout.

Les personnages de Corneille incarnent un modèle classique de « fiabilité » : digne de confiance, Rodrigue respecte ses engagements et reste fidèle à son amour ; digne d'amour, Chimène accepte les devoirs de son amant et lui fait confiance. Mais cela n'est possible que parce que la hiérarchie des valeurs va encore de soi. Corneille, comme Montesquieu plus tard, esquive les contradictions de la modernité. « Si je savais quelque chose qui me fût utile, et qui fût préjudiciable à ma famille, je la rejetterais de mon esprit, écrit Montesquieu

1. Paul Bénichou, *Morales du grand siècle*, Paris, Gallimard, 1948, p. 31.
2. Yann Algan, Pierre Cahuc, *La Société de défiance*, *op. cit.*

dans *Mes pensées*. Si je savais quelque chose utile à ma famille et qui ne le fût pas à ma patrie, je chercherais à l'oublier. Si je savais quelque chose utile à ma patrie et qui fût préjudiciable à l'Europe, ou bien qui fût utile à l'Europe et préjudiciable au genre humain, je la regarderais comme un crime[1]. » L'existence d'un certain nombre de certitudes morales permet à chacun de choisir ses priorités et de s'en tenir à ses engagements. Mais comment rester digne de confiance dans un univers caractérisé d'abord par le manque de certitude et la multiplication des conflits de valeurs ? Est-il encore possible d'être loyal à sa patrie ou à sa famille, tout en suivant ses désirs ?

En se « modernisant », la société va petit à petit se libérer de l'ancien cadre chevaleresque et religieux qui la structurait. Sous l'influence de la Réforme, de la philosophie des Lumières, de la Révolution française puis de la révolution industrielle, les liens traditionnels éclatent en mille morceaux et des formes nouvelles d'individualisme bouleversent la société. L'homme de ces époques de transition est exposé à des conflits parfois insolubles, partagé entre sa fidélité à la tradition, à la patrie ou aux ancêtres, d'une part, et la poursuite de ses besoins, d'autre part[2]. L'émergence puis le sacre des intérêts individuels mettent en cause le respect des normes partagées et, dès lors, la

1. Montesquieu, *Mes pensées*, in *Œuvres complètes*, Paris, Gallimard, 1949, t. I, p. 981.

2. Norbert Elias, *La Société des individus* (1939), Paris, Fayard, 1991 ; Louis Dumont, *Essais sur l'individualisme. Une perspective anthropologique sur l'idéologie moderne*, Paris, Seuil, 1983.

question de la confiance aux autres se pose avec plus d'acuité. Pourquoi ferais-je confiance quand je sais que les autres poursuivent autant que moi leurs seuls intérêts individuels ? Dans une telle société, il est implicite que les individus ne se soucient plus du bien commun. La notion perd même de son sens puisque les économistes, avec Adam Smith, nous persuadent que, par le miracle de la « main invisible », la somme des intérêts individuels forme l'intérêt collectif... Mais ce que les économistes ont alors perdu de vue, c'est la relation de confiance que des individus uniquement affairés à leurs intérêts privés pourraient encore avoir l'un pour l'autre. La société libérale semble générer une logique de méfiance en se pensant paradoxalement comme l'aboutissement d'une société de confiance. On peut s'en convaincre en la comparant aux sociétés traditionnelles, où la stabilité des valeurs consacre la confiance mutuelle dans les rapports humains. La justice n'est pas là pour trancher dans le vif les désaccords ; elle est le résultat d'une confiance partagée qui organise la société.

Le sacre de Fides

Ce n'est pas sans raison que, chez les Anciens, la confiance a été considérée comme l'un des piliers fondateurs de la justice. Aux yeux des Romains, il est évident qu'on ne peut manquer à la parole donnée, même si cela peut conduire au sacrifice de soi. Il suffit de penser à la célèbre histoire de Regulus, ce général romain qui, durant les guerres puniques, fut fait prisonnier par les Carthaginois. Ces derniers l'envoyèrent en mission à Rome pour négocier la paix avec le Sénat. Les soldats d'Hannibal l'avaient prévenu : s'il ne parvenait pas à convaincre les Romains de conclure la paix, il serait mis à mort à son retour. Regulus aurait pu ne jamais revenir et sauver ainsi sa vie. Malgré son échec, Regulus retourna à Carthage. Il avait prêté serment. Il avait donné sa parole et il ne pouvait trahir sa promesse, sous peine de se déshonorer. Il aurait été plus difficile, pour lui, de survivre à un tel déshonneur que de mourir. Dans une telle société, la confiance s'impose d'elle-même. Elle est liée à la volonté de chacun de respecter les engagements pris : personne n'est dispensé de payer ce qu'il doit (Cicéron, *De officiis*, II, 24). Les mœurs anciennes permettent de désigner aisément ceux qui méritent le respect et le crédit de la communauté. C'est en suivant les règles établies, qu'un homme fait preuve de loyauté.

Dans l'Antiquité, trahir ses engagements représente une faute impardonnable. À partir du moment où je donne ma parole et où je fais une promesse ou un serment, je m'engage dans une relation sacrée : confiance et loyauté sont indissociables ; ne pas me montrer loyal et refuser de payer mes dettes signifie détruire la confiance générale et affaiblir le sens même de la justice. Les mots *fides* (foi) et *foedus* (pacte, accord, alliance) proviennent d'ailleurs d'une même racine – le terme indo-européen *beidh-* – et renvoient tous les deux à l'idée d'engagement durable. Que l'on donne sa confiance ou que l'on en reçoive de la part d'un tiers, c'est l'action future qui s'en trouve toujours orientée : « faire confiance » (avoir foi) et « inspirer confiance » (être digne de foi, être fiable) engendrent un *crédit moral*[1]. Un jour ou l'autre je serai amené à faire mes comptes, autrement dit à établir n bilan de ce que l'on me doit ou de ce que je dois à autrui pour que la dette soit payée. À la différence d'une simple *croyance*, la confiance est alors le fruit d'un engagement. Elle s'inscrit d'ailleurs à l'intérieur d'un monde dominé par une morale religieuse sévère. À Rome, les dieux sont garants de la parole donnée et des contrats passés. Malheur à celui qui manque à sa parole ! Lorsqu'on s'engage auprès de quelqu'un, *Jupiter* et *Fides* sont témoins de cet engagement et sont prêts à intervenir si les serments ne sont pas respectés. Et la punition que les dieux réservent aux parjures est violente. Celui-ci encourt non seulement les foudres de *Jupiter* mais aussi les griffes de *Fides*. La sanction de cette dernière n'est qu'apparemment plus paisible : *Fides* abandonne les traîtres et les discrédite, en les laissant sans protection… Dans un monde où l'individu n'a pas encore de droits, où seules comptent les solidarités communautaires, se retrouver sans protection est la pire des conditions.

Parce que les Anciens placent leurs relations sociales sous les auspices des dieux, la confiance devient un

1. Voir à ce propos : Georges Dumézil, *Idées romaines*, Paris, Gallimard, 1969 ; Gérard Freyburger, *Fides. Étude sémantique et religieuse depuis les origines jusqu'à l'époque augustéenne*, Paris, Belles-Lettres, 1986.

élément central des rapports sociaux. Qu'il s'agisse d'exercer le pouvoir royal, de faire la guerre ou encore d'assurer le bien-être de la société, la relation de confiance structure la vie de la Cité. La déesse de la confiance, *Fides*, est si importante dans les relations humaines qu'on l'entoure d'une pompe spéciale destinée à en souligner le prix. Selon Tite-Live, les prêtres de *Fides* disposaient depuis la monarchie étrusque d'un char couvert, à deux chevaux, et ils se rendaient, pendant les cérémonies, jusqu'à leur temple « la main enveloppée jusqu'aux doigts[1] ». La main devient le symbole essentiel de la confiance car c'est par la main que l'homme prête serment. Il convient donc de la protéger, de l'envelopper, pour garantir à tous la survie de la société. Bien sûr, Tite-Live ne prétend pas que ce culte ait réellement existé à l'origine de la monarchie : il sait pertinemment à quel point la légende se mêle à l'histoire lorsqu'on parle de la vie et des actes des premiers rois de Rome. Mais son récit a un autre but : il vise à rappeler aux Romains de son temps l'importance accordée par leurs ancêtres à la parole donnée. Lorsqu'on fait serment, on engage directement la divinité. Tite-Live entend ainsi rappeler le cadre théologique dans lequel s'inscrivent la vie de la Cité et l'importance que les Romains accordent à la confiance. Sans elle, les Dieux abandonneront les hommes.

Dès lors, la confiance est inséparable, à Rome, du sens de la *Res Publica.* Il n'y a pas de République sans

1. Tite-Live, *Histoire romaine,* tr. fr. M. Nisard, Paris, Firmin-Didot, 1864, I, 21, 4.

confiance. S'il revient à chacun de sauvegarder son crédit, la « confiance publique » repose sur des règles plus subtiles et plus larges qui engagent le consentement du peuple et du Sénat. Au fond, la confiance publique dépend du crédit que chaque citoyen accorde aux institutions. Il doit être convaincu que la justice est respectée et que chaque citoyen en danger peut être protégé au nom des liens sacrés qui unissent les concitoyens entre eux. En un mot, la confiance n'existerait pas sans l'espoir que triomphe la justice. Tout le monde en est plus ou moins conscient. Mais quels liens intimes existent alors entre justice et confiance ?

L'institution du crédit

L'une des réponses les plus brillantes à cette question est celle qui fut donnée par Nietzsche. Dans *La Généalogie de la morale*, le philosophe étudie l'origine de la justice et le but pour lequel elle aurait été établie. Selon lui, la justice ne se conçoit que pour régler la vie en société, c'est-à-dire, selon lui, la vie des promesses et des échanges : « "Toute chose a son prix, tout peut être payé" – Ce fut le canon moral de la justice, le plus ancien et le plus naïf[1] » (II, 8). Par l'instauration de la loi – et du châtiment de tous ceux qui ne la respectent pas – la justice est le moyen par excellence par lequel on

1. Friedrich Nietzsche, *La Généalogie de la morale*, tr. fr. H. Albert, Paris, Mercure de France, 1948.

arrive à instituer la confiance mutuelle. Mais quel prix les hommes doivent-ils payer pour apprendre le sens de cette confiance ? Encore une fois, pour le philosophe, les choses sont simples. L'homme n'est pas un simple animal. Ce qui le distingue de la bête, c'est qu'il peut faire des promesses et qu'il peut en attendre en retour. Il s'agit donc, pour la société, de s'organiser de telle sorte qu'elle ait la possibilité d'arriver à « élever et discipliner un animal qui puisse faire des promesses[1] ». Mais encore faudrait-il que les hommes se souviennent de ce qu'ils ont promis. Car le problème des êtres humains ce n'est pas qu'ils n'ont pas de mémoire, c'est qu'ils oublient vite, ne serait-ce que pour vivre heureux ou pour faire place à des choses toujours nouvelles. L'oubli, nous dit Nietzsche, est une « force active » ; une force qui permet de fermer les portes de la conscience et d'éviter que la tranquillité ne soit troublée. C'est bien là la justification, en droit, de la prescription. Voilà, cependant, que la société ne peut se passer de la mémoire. Elle intervient, alors, pour rendre l'homme uniforme et « semblable parmi les semblables ». Elle instaure la « moralité des mœurs ». C'est par cette « camisole de force sociale » que l'homme apprend à se souvenir et à respecter ses promesses.

Nietzsche n'utilise pas en vain le terme de « camisole ». Car la justice n'est pas seulement une vertu. Elle devient une puissance de répression pour faire sortir l'homme de l'instantané. Face à celui qui oublie ses promesses, ou qui

---

1. *Ibid.*, II, 1.

viole la parole donnée, la société n'a d'autre solution que de le rappeler à ses devoirs en le faisant souffrir. Et elle n'hésite pas à s'en donner les moyens : « On applique une chose au fer rouge pour qu'elle reste dans la mémoire : seul ce qui ne cesse de faire souffrir reste dans la mémoire[1]. » Avant que le christianisme ne vienne bouleverser cet état des choses, les Anciens ont cette idée particulière de la justice. Il ne s'agit pas tellement de créer la conscience d'une faute chez le coupable, mais de lui apprendre à rembourser la dette qu'il contracte chaque fois qu'il fait une promesse. C'est pourquoi, pour Nietzsche, la justice doit être comprise comme une relation de *créancier* à *débiteur*. Elle institue une relation qui offre, certes, des avantages aux hommes, mais qui les oblige aussi à faire leurs comptes et à rembourser « ce qu'ils doivent ». Grâce à ce mécanisme, chacun se trouve protégé à l'intérieur d'une société « jouissant de la paix et de la confiance, à l'abri de certains dommages et de certains actes d'hostilité[2] ». Chez les anciens Barbares, les codes n'étaient même qu'une longue succession de « compositions » pécuniaires. Pour tel crime, telle somme d'argent... C'était le cas de la loi des Assyriens ou des anciens Germains, reprise par les Francs saliens (la fameuse loi salique). À Rome, le débiteur défaillant risquait la mort. Car celui qui ne respectait pas ses promesses devenait automatiquement un « hors-la-loi ». Non seulement parce qu'il violait le contrat qui le liait à la société, mais aussi parce qu'il s'attaquait à la société elle-même :

1. *Ibid.*, II, 3.
2. *Ibid.*, II, 9.

Le débiteur, pour inspirer confiance en sa promesse de remboursement, pour donner une garantie du sérieux, du caractère sacré de sa promesse, pour graver dans sa propre conscience la nécessité du remboursement sous forme de devoir, d'obligation, s'engage, en vertu du contrat, auprès du créancier, pour le cas où il ne paierait pas, à l'indemniser par quelque chose d'autre qu'il possède, qu'il a encore en sa puissance, par exemple son corps, sa femme, sa liberté, voire même sa vie [1].

Ainsi, aux origines de la Civilisation, si quelqu'un est puni pour ne pas avoir remboursé sa dette, c'est parce qu'il a trahi la confiance reçue. On ne se soucie pas de savoir si le débiteur aurait pu agir autrement, si son manquement a des circonstances atténuantes ou aggravantes. On s'inquiète seulement de savoir s'il a trompé le ciment le plus précieux des relations sociales : la confiance, ce que nous appellerions aujourd'hui le « crédit ».

Avoir du crédit. Faire crédit. Ces expressions ont pris de nos jours une signification bien claire, pour ainsi dire financière, qui n'a pas toujours été aussi précise. Longtemps, cette expression a pu signifier qu'un homme disposant d'un certain *crédit* était en réalité un homme *de confiance.* Mais ce n'est pas, comme on le croit trop souvent, parce que la confiance a peu à peu dérivé vers le crédit, à mesure que la société devenait toujours plus « matérialiste ». Bien au contraire. C'est parce qu'aux origines mêmes de la civilisation, la confiance ne se conce-

1. *Ibid.*, II, 5.

vait qu'à travers l'échange. Si on faisait crédit à quelqu'un de ce qu'il disait, c'est parce qu'on lui faisait confiance…

Nietzsche ne dit pas autre chose lorsqu'il souligne que l'archétype même de l'organisation sociale réside dans l'*institution du crédit.* Le sentiment du devoir et des obligations personnelles se fonde sur les rapports entre acheteur et vendeur, créancier et débiteur. Ce sont ces rapports qui structurent la pensée elle-même : « Fixer les prix, estimer des valeurs, imaginer des équivalences, échanger – tout cela a préoccupé à tel point la pensée primitive de l'homme qu'en un certain sens ce fut la pensée même », nous dit Nietzsche[1]. Mais si la fonction première de la pensée a été d'évaluer, de mesurer et d'établir des équivalences, on pourrait se demander si la confiance n'est que le résultat d'un calcul entre perte et gain. Que perd-on, en effet, lorsqu'on ne respecte pas la parole donnée ? N'est-ce qu'une simple question matérielle ou juridique ? Et quel est le gain de celui qui honore la confiance reçue ?

La logique de l'honneur

Dans un célèbre ouvrage de 1946, *Le Chrysanthème et le sabre,* l'anthropologue américaine Ruth Benedict analyse les différences entre l'Orient et l'Occident en termes de honte et de culpabilité : selon elle, la société

1. *Ibid.*, II, 8.

japonaise serait une société structurée autour de la *honte*, à la différence de la société américaine qui, elle, tournerait autour du concept de *culpabilité*. Au Japon, explique l'anthropologue, celui qui ne respecte pas ses obligations, et qui revient donc sur la parole donnée, perd tout honneur et tout crédit. D'où un sentiment de honte chaque fois que l'on trahit ses engagements.

Interrogeant des prisonniers de guerre et des expatriés japonais, s'appuyant sur des textes officiels, et étudiant les coutumes japonaises dans des domaines aussi divers que la hiérarchie, les plaisirs ou l'éducation des enfants, Ruth Benedict dresse un tableau qui décrit une société hautement pyramidale, fondée sur le respect des règles et des obligations réciproques. Le comportement d'un Japonais serait ainsi influencé, pendant toute sa vie, par le regard et le jugement des autres, l'homme vertueux étant celui qui parvient à s'acquitter de ses devoirs dans tous les « cercles d'obligations ». À la différence des Occidentaux qui auraient tendance à considérer comme un signe de force la révolte contre les conventions et la saisie du bonheur en dépit des obstacles, « les forts, selon le verdict japonais, sont ceux qui ne tiennent pas compte du bonheur personnel et remplissent leurs obligations. La force de caractère, pour eux, se montre dans l'obéissance aux règles, non dans la révolte [1] ».

1. Ruth Benedict, *Le Chrysanthème et le sabre* (1946), Picquier, 1987, p. 187.

L'analyse de Ruth Benedict a suscité, depuis, de nombreuses critiques. On conteste en particulier la typologie réductrice qu'elle aurait établie, ainsi que les dichotomies radicales entre Orient et Occident, honte et culpabilité, devoir et désirs[1]. En effet, la « logique de l'honneur » n'est pas propre à la civilisation orientale. Elle structurait les anciennes sociétés européennes, en particulier la « nation française », à en croire Montesquieu. « De cette passion générale que la nation française a pour la gloire, il s'est formé dans l'esprit des particuliers un certain je ne sais quoi qu'on appelle *point d'honneur.* C'est proprement le caractère de chaque profession ; mais il est plus marqué chez les gens de guerre ; et c'est le point d'honneur par excellence », écrit-il dans les *Lettres persanes*[2]. Pour lui, « chaque personne et chaque condition » a *son* honneur et ce principe, « philosophiquement faux » (Montesquieu parle de *préjugé*), a une vertu sociale : il oblige chacun à se montrer digne de sa confiance. Quiconque ne le fait pas s'expose au risque de déroger aux yeux des autres. On retrouve ici le modèle japonais de la honte. Au fond, cet honneur structure toute société qui privilégie le respect des règles et la loyauté des intérêts. C'est pourquoi la notion de honte, ou de déshonneur, permet de mieux comprendre les rapports de confiance qui peuvent aisément s'instaurer dans les vieilles sociétés.

1. Nathalie Sarthou-Lajus, *L'Éthique de la dette*, Paris, PUF, 1997.
2. Montesquieu, *Lettres persanes* (1724), in *Œuvres complètes*, *op. cit.*, t. I, lettre 90.

Véhiculée par le regard réprobateur de l'autre, la honte encourage chacun au respect de l'ordre social. Elle agit de manière plus douce et plus efficace que n'importe quelle force répressive, car elle oblige chacun à accepter le statut que la communauté lui attribue. C'est la logique même de toute société traditionnelle, « holiste » dirait Louis Dumont, où chacun occupe une place désignée et dont la légitimité dérive d'une autorité supérieure aux individus, qu'il s'agisse de Dieu ou de son représentant sur terre[1]. À la différence des sociétés modernes, fondées sur la volonté de chacun de faire partie d'une communauté en établissant un contrat, en effet, les sociétés traditionnelles se structurent autour des notions d'appartenance, que ce soit le « sang » ou le « lieu ». Ce qui conduit les individus à se définir grâce à leur groupe, en acceptant le fait que la tradition puisse s'imposer à tous, sans que personne l'ait volontairement choisie. Dans un tel contexte, l'honneur renvoie directement au respect de l'autorité : le seul rapport qu'un individu peut concevoir avec l'autorité est un rapport de dépendance, une relation contraignante qui suppose l'existence d'un pouvoir hiérarchiquement supérieur. Honneur et réputation sont ainsi directement proportionnels non seulement à l'obéissance à l'autorité, mais aussi à la confiance que le pouvoir accorde : plus j'obéis, plus je suis digne de confiance.

1. Louis Dumont, *Essai sur l'individualisme*, Paris, Seuil, 1983.

L'individu n'a qu'une parole. La parole a la valeur d'un acte : elle engage celui qui la donne dans un lien de confiance à l'égard des autres. Confiance et croyance ne divergent pas. En dépit du fait que la croyance soit vraie ou fausse – il n'est pas exclu que quelqu'un puisse se tromper – elle reste un guide du comportement : elle ne se traduit pas seulement dans ce que je dis, mais aussi dans ce que je fais. Son lien avec la confiance est étroit : celui qui donne sa parole – qui « inspire confiance » – et celui qui la reçoit – qui « fait confiance » – sont tous les deux impliqués dans une relation sacrée. Si je m'engage auprès de toi et que je ne respecte pas mes engagements, il en va de ma réputation. Il ne s'agit pas d'approuver ou de désapprouver les règles qui gèrent la société, car les critères de vérité d'une croyance et la légitimation de l'autorité se mêlent de façon inextricable. Il s'agit uniquement d'obéir à ce qui « doit être » et de se conformer aux attentes sociales. Ma valeur ne dépend pas de mon initiative, de ma créativité, de ma capacité à construire ma vie. Elle dépend du degré d'obéissance dont je fais preuve : plus je me conforme aux attentes des autres, plus je suis digne de confiance ; plus on me fait confiance, plus je suis honoré.

À l'intérieur de cette logique traditionaliste, l'honneur devient le garant de la confiance réciproque. Et la honte qui résulterait de sa perte oblige chacun à adhérer « à une tradition de grandeur enfermée dans son passé et publiquement reconnue au-dehors[1] ». Mais que se

1. Simone Weil, *L'Enracinement*, Paris, Gallimard, 1949, p. 23.

passe-t-il lorsqu'on déconstruit les normes morales d'une communauté ? Peut-on réellement utiliser ce cadre conceptuel lorsqu'on s'interroge sur la nature et la place de la confiance à l'intérieur du monde moderne où non seulement il n'y a plus de garant extérieur (foi, tradition), mais où les conventions et les habitudes aussi ne cessent d'être questionnées et remises en question ?

En apparence, cette force semble pouvoir subsister dans les sociétés modernes qui n'ignorent pas la honte. « Je viens de faire un geste maladroit ou vulgaire : ce geste colle à moi, je ne le juge ni ne le blâme, explique ainsi Sartre. Mais voici tout à coup que je lève la tête ; quelqu'un était là et m'a vu. Je réalise tout à coup la vulgarité de mon geste et j'ai honte[1]. » Dans nos sociétés individualistes, cependant, la peur du jugement des autres n'entraîne de honte qu'à partir du moment où le regard extérieur vient réveiller un sentiment de honte. En tant que telle, notre action ne nous provoque plus de sentiment blâmable. Sartre l'avoue très précisément. Ce geste vulgaire me gêne, mais « je ne le juge ni ne le blâme ». Ce n'est qu'en levant la tête, en comprenant que je ne suis plus seul à l'avoir remarqué, que la honte commence à s'emparer de moi. Ce n'est donc pas une honte profonde mais une simple indisposition « bourgeoise ». Que va-t-on penser de moi ?

Là où chez les Anciens, l'honneur était l'idée même qu'un homme se faisait de sa condition et qui l'empêchait de s'abaisser à commettre telle ou telle action,

1. Jean-Paul Sartre, *L'Être et le Néant*, Paris, Gallimard, 1943, p. 275-276.

chez les Modernes, il n'y a plus de barrière. *Tout est possible,* pourvu que nous ne soyons pas surpris par les autres. Pourquoi cette rupture ? Tout simplement parce que l'honneur est désormais vide de sens. Les philosophes de la modernité ont contribué à « libérer » l'homme de ses liens et de ses préjugés. L'honneur en a fait les frais. Lisons l'Anglais Mandeville, le père de l'économie. Qu'écrit-il au début du XVIIIe siècle sur l'honneur ? « L'honneur au sens figuré est une chimère dépourvue de vérité et d'être, invention des moralistes et des politiques »… Mandeville incite ses contemporains à se débarrasser de cette « chimère ». Il n'y a que *l'intérêt.* « Ne vous laissez plus freiner par des principes archaïques. Laissez-vous faire », semble dire l'auteur de *La Fable des abeilles.* Vive le « laisser faire », ne tardera pas à traduire Adam Smith !

Mais que reste-t-il de la confiance dans un univers où l'honneur a disparu, où rien ne nous pousse à être à la hauteur des attentes d'autrui ? Comment s'appuyer sur la parole d'autrui dans un univers où l'engagement ne renvoie plus qu'à une parole entre égaux, entre contractants, sans un absolu qui « fait foi » ? C'est pourtant tout l'inverse qui nous est enseigné.

Harmonies et dissonances

La conviction profonde qui est à l'origine du triomphe contemporain de la société libérale et capitaliste repose en effet sur une théorie de la confiance.

Pour les théoriciens du libéralisme économique, la société libérale serait la quintessence de la « société de confiance ». C'est ainsi qu'Alain Peyrefitte cherche à distinguer la société moderne par rapport à la société traditionnelle. Parcourant les étapes principales de l'histoire occidentale qui aurait permis de mettre en place des sociétés plus développées, il fait de la confiance la clé de la réussite [1]. Est-ce une erreur fondamentale ? Pas tout à fait. Car Peyrefitte et ses émules font volontairement (ou non ?) une confusion. Ils ne parlent pas de la confiance comme le faisaient les Anciens. Pour eux, ce n'est pas une confiance sociale qui marque le ressort du développement car l'homme n'a rien à attendre de ses semblables. Le progrès de la civilisation réside avant tout dans la *confiance en soi*. Poussant chacun à se « maîtriser » et à se « dépasser », celle-ci permettrait de surmonter les conflits et d'engendrer le progrès général. C'est là une forme de traduction de l'analyse controversée de Max Weber sur l'éthique protestante et l'esprit du capitalisme. Ce serait cette formidable « confiance en soi » offerte par l'esprit *puritain* qui aurait permis le développement des sociétés capitalistes en retournant à son profit l'anthropologie pessimiste des moralistes.

Les moralistes français, en particulier Pascal, La Rochefoucauld et La Bruyère, ont joué un rôle essentiel dans la dévalorisation de l'homme et de l'honneur. Avant Mandeville, ils ont contribué au discrédit des

1. Alain Peyrefitte, *La Société de confiance, op. cit.*, p. 457.

anciennes vertus héroïques. Pour eux, les êtres humains ne sont pas capables de grandeur ; ils ne sont jamais dignes de confiance, même lorsqu'ils paraissent fiables. Chez l'homme, tout est illusion. Sentiments et actions ne sont que l'expression plus ou moins immédiate de l'amour-propre. Pour éviter d'être dupe, il faut ériger le soupçon en principe et ne pas croire aux simples apparences. La prudence doit nous alerter constamment et ne pas nous faire oublier que « les vices entrent dans la composition des vertus comme les poisons entrent dans la composition des remèdes[1] ». Pour La Rochefoucauld, tout homme est profondément inconstant, versatile et infidèle : « Le caprice de notre humeur est encore plus bizarre que celui de la fortune » (maxime 45). Incapable de don généreux, l'être humain vise à l'accaparement et à la possession. Même le désir de gloire, comme l'honneur, n'est que le fruit malsain de l'amour-propre. Chaque fois qu'on pense être face à une vertu, celle-ci n'est qu'apparente : elle est le masque derrière lequel se cache en réalité un vice. La défiance à l'égard de l'homme est ainsi double. Non seulement on ne peut faire confiance à personne, car chacun cherche uniquement à dominer les autres et à les asservir pour en retirer de la jouissance, mais on ne peut pas non plus se faire confiance soi-même, car chacun est dupe vis-à-vis de ses sentiments intérieurs. Entre ce qu'est l'homme et l'image que celui-ci se fait de lui-même, il existe un abîme : « Il s'en faut bien que nous connaissions toutes

---

1. La Rochefoucauld, *Maximes* (1678), Paris, Garnier-Flammarion, 1977, maxime 182.

nos volontés » (maxime 295). La simulation et la dissimulation ne visent pas uniquement à tromper les autres. Chacun se trompe aussi soi-même : « On ne peut sonder la profondeur ni percer les ténèbres de ses abîmes. [...] De cette nuit qui le couvre naissent de ridicules persuasions qu'il a de lui-même ; de là viennent ses erreurs, ses ignorances, ses grossièretés et ses niaiseries sur son sujet » (maxime supprimée 1). Tout acte humain, quelle que soit son apparence vertueuse, reste profondément ambigu, car le moteur essentiel de la plupart des actions est l'amour-propre. Et cet amour-propre, comme l'explique le janséniste Pierre Nicole, ne fonctionne que par intérêt, par crainte ou par recherche de l'amour :

> On peut désirer par amour-propre d'être délivré de l'amour-propre, comme l'on peut souhaiter l'humilité par orgueil. Il se fait un cercle infini de retours sur retours, de réflexions sur réflexions dans ces actions de l'âme, et il y a toujours en nous un certain fond, et une certaine racine qui nous demeure inconnue durant toute notre vie[1].

Lorsque je cherche à être vertueux, je vise, en réalité, à m'attirer les louanges et les honneurs. Ce qui compte est d'être valorisé socialement. Je cherche à me montrer vertueux pour être flatté afin de nourrir ma propre vanité. C'est ainsi que la disponibilité du cœur n'est

1. Pierre Nicole, « Des diverses manières dont on tente Dieu », in *Essais de morale*, Paris, PUF, 1999, 5.

qu'une forme de dissimulation captatrice[1] et que la fidélité n'est qu'un faux-semblant : je crois être fidèle et j'attends que les autres m'en louent, mais en réalité je cherche seulement à paraître supérieur aux autres pour attirer leur confiance[2].

Les moralistes français sont allés beaucoup trop loin. S'il fallait les suivre à la lettre, la seule issue possible à leurs terribles analyses serait la dissolution de toute vie sociale. Que pourrait-on espérer avec une nature humaine aussi corrompue ? Au fond, les jansénistes conduisent les hommes dans une impasse. Une timide solution pour sortir de ce pessimisme du Grand Siècle est proposée par les pages célèbres de Rousseau dans son fameux *Discours sur l'origine de l'inégalité* (1755). Le Citoyen de Genève croit bon de distinguer entre l'*amour de soi* et l'*amour-propre.* Pour lui, il s'agit en effet de deux passions différentes, non seulement par leur nature, mais aussi par leurs effets :

> L'*amour de soi-même* est un sentiment naturel qui porte tout animal à veiller à sa propre conservation et qui, dirigé dans l'homme par la raison et modifié par la pitié, produit l'humanité et la vertu. L'*amour-propre* n'est qu'un sentiment relatif, factice et né dans la société,

1. « La sincérité est une ouverture de cœur. On la trouve en fort peu de gens ; et celle que l'on voit d'ordinaire n'est qu'une fine dissimulation pour attirer la confiance des autres » (maxime 62).

2. « La fidélité qui paraît en la plupart des hommes n'est qu'une invention de l'amour-propre pour attirer la confiance. C'est un moyen de nous élever au-dessus des autres, et de nous rendre dépositaires des choses les plus importantes » (maxime 247).

qui porte chacun à faire plus de cas de soi que de tout autre, qui inspire aux hommes tous les maux qu'ils se font mutuellement et qui est la véritable source de l'honneur.

La solution trouvée par Rousseau est astucieuse. Les moralistes ont bien eu raison de dénoncer l'amour-propre qui s'étale chaque jour dans la vie sociale où triomphent la vanité et les apparences. Rousseau approuve Pascal ou La Rochefoucauld de nous avoir montré à quel point cet amour-là est à l'origine de tous les vices de la société. Mais ils ont eu tort, selon lui, de ne pas comprendre qu'il existe une forme d'amour de soi qui nous pousse à nous ouvrir aux autres en même temps qu'à la maîtrise de nous-mêmes. Ce n'est qu'à partir du moment où l'on est capable de s'aimer et de se faire confiance, qu'on peut aussi aimer les autres et leur faire confiance.

Rousseau semblait avoir trouvé la voie pour sortir de l'impasse janséniste. Mais il sera dépassé en son temps par un autre philosophe, le penseur le plus astucieux de la philosophie morale. C'est en songeant à sa *Théorie des sentiments moraux*[1] que le penseur écossais Adam Smith va faire, dans son célèbre essai de 1776[2], de l'amour de soi (*self-love*) la clé du développement économique : se faisant soi-même confiance, l'être humain peut recommencer à prêter de l'intérêt à autrui et

1. Adam Smith, *Théorie des sentiments moraux* (1759), reprint Éditions d'aujourd'hui, 1982.
2. Adam Smith, *Recherche sur la nature et les causes de la richesse des nations* (1776), Paris, Flammarion, 1991.

découvrir les avantages de la coopération. Il peut orienter son action vers des fins et des valeurs ayant une autre logique que la simple satisfaction de son propre intérêt.

Confiance et égoïsme

Au fond, Adam Smith n'est que l'héritier assagi du docteur Mandeville qui avait été le premier à tirer un brillant parti de l'anthropologie pessimiste des moralistes français en la retournant au service de la société. L'homme n'est qu'un être vicieux ne recherchant toujours que son propre intérêt ? Très bien. Il suffit de faire en sorte que ses vices soient utiles à la société. Dans un fameux passage de sa *Fable des abeilles* (1714), Mandeville nous dit ainsi explicitement que ce sont les « vices privés » qui font les « vertus publiques ». L'être humain est, pour ce médecin d'origine hollandaise, un mélange de passions ; un être ambigu qui passe son existence à chercher à duper son prochain. Sur ce point, Mandeville n'est en réalité que l'héritier direct du pessimisme radical des moralistes français du XVIIe siècle. Mais sa vision désabusée de l'homme ne le conduit pas à l'impasse dans laquelle se retrouvaient La Rochefoucauld, Pascal ou La Bruyère. En faisant l'éloge des vices, Mandeville est le premier à procéder à un retournement spectaculaire de la vision sombre des êtres humains, en en faisant la source même de la prospérité des sociétés. C'est parce que l'homme recherche toujours son intérêt – y compris de façon égoïste – que son activité va profiter à la société tout entière. Pour Mandeville, les différents égoïsmes arrivent à s'harmoniser, jusqu'à entraîner le bien du plus grand nombre. Au contraire, une trop grande vertu n'apporterait, selon lui, que misère et pauvreté.

C'est le point de départ pour une nouvelle forme de confiance : l'*optimisme économique* engendre une confiance compétitive capable de produire prospérité et bien-être. L'idée se fait jour, alors, que les individus, loin d'être un danger les uns pour les autres, sont en réalité unifiés par un même but : la satisfaction de leurs propres besoins. Pour cela, ils sont non seulement capables, mais aussi désireux, de coopérer et de s'associer entre eux, d'une façon bien plus efficace que sous l'effet de la contrainte.

Mandeville anticipe brillamment certaines idées qui vont être développées par la suite par Adam Smith. Comme l'expliquent certains de ses disciples, la principale thèse de Smith peut se réduire au simple fait que, dans l'ordre complexe de la société, les conséquences des actions des hommes sont très différentes de ce qu'ils prévoient. En poursuivant leurs propres fins, qu'elles soient égoïstes ou altruistes, les individus obtiennent « des résultats utiles aux autres alors qu'ils n'ont pas été prévus et peut-être même pas connus[1] ». Pour Smith, en

1. Friedrich Hayek, *Nouveaux essais de philosophie, de science politique, d'économie et d'histoire des idées* (1978), Paris, Les Belles-Lettres, 2008, p. 367.

effet, l'homme vise tout d'abord à produire et à échanger les fruits de son travail. Mais pour que ce système de production et d'échange fonctionne au mieux, il faut prendre en compte la nécessaire « division du travail » et ne jamais oublier la « diversité des talents » :

> Parmi les hommes, les dispositions naturelles les plus disparates sont utiles les unes aux autres ; les différents produits de leurs talents respectifs se trouvent unis en une masse commune, où chaque homme peut aller acheter une portion quelconque du produit de l'industrie des autres[1].

Chaque homme est différent de tous les autres et possède des talents qui lui sont propres. Pour profiter au mieux de son existence, chacun a alors besoin du concours des autres. Mais cette nécessité, qui est le véritable moteur de la richesse, ne peut se réaliser qu'en passant par la prise en compte de l'intérêt personnel : on ne peut attendre le concours des autres qu'à condition qu'ils y voient un moyen de satisfaire leur amour-propre (*self-love*). C'est pourquoi Smith place au cœur de l'activité économique l'épanouissement personnel de chaque individu, ce qui, pour lui, non seulement coïncide avec la poursuite du profit personnel, mais permet aussi le fonctionnement de la société : « Donnez-moi ce dont j'ai besoin et vous aurez de moi ce dont vous avez besoin vous-même. » Voilà la

1. Adam Smith, *Recherche sur la nature et les causes de la richesse des nations*, *op. cit.*, I, 2.

nouvelle maxime à suivre ! Pour Smith, ce n'est pas de la bienveillance du boucher, du marchand de bière ou du boulanger que nous attendons notre dîner, mais bien du soin qu'ils apportent à leurs intérêts : « Nous ne nous adressons pas à leur humanité, mais à leur égoïsme ; et ce n'est jamais de nos besoins que nous leur parlons, c'est toujours de leur avantage. » Indépendamment de l'intentionnalité de chacun, la poursuite de l'intérêt personnel a des effets utiles pour les autres.

L'image de la « main invisible », dans un tel contexte, sert à décrire l'équilibre spontané des intérêts individuels à l'intérieur de la société. Ce sont les intérêts privés qui portent les individus, malgré eux, à coopérer et à permettre ainsi à une nation d'accroître sa richesse. Mais c'est ici, justement, une confusion essentielle entre *confiance* et *intérêt*. Car cette soi-disant « société de confiance » théorisée par Adam Smith n'est, en réalité, qu'une société de la méfiance généralisée dont nous commençons à payer sérieusement les conséquences…

Pour mieux comprendre cette confusion, il faut revenir quelques instants sur la pensée d'Adam Smith qui, rappelons-le, fut tout d'abord un philosophe moral. Influencé à la fois par les moralistes français et par l'empirisme de David Hume, il avait expliqué sa conception de l'homme dans *Théorie des sentiments moraux*. Reprenant à son compte l'analyse humienne de la sympathie, Smith élabore une théorie selon laquelle il existerait chez tout individu un « plaisir de la sympathie réciproque » : chacun serait amené à approuver la conduite des autres dès lors qu'il réussit à sympathiser avec les passions et les sentiments qui y sont en jeu. « Quelque degré d'amour de soi qu'on puisse supposer à l'homme, il y a évidemment dans sa nature un principe d'intérêt pour ce qui arrive aux autres qui lui rend leur bonheur nécessaire[1]. » Il existerait, chez l'homme, un sentiment naturel d'admiration à l'égard de ceux qui réussissent grâce à leur mérite et qui nous pousserait tous à l'émulation. Chacun désirerait devenir soi-même l'objet de l'admiration des autres et, pour cela, il serait prêt à coopérer avec autrui. Dans la coopération – ou dans l'« échange intéressé » pour employer les mots de Smith –, il y aurait une valeur irréductible qui permet à chacun de poursuivre et d'accroître son amour-propre : « L'amour-propre lui-même peut être souvent un motif vertueux d'agir [...] le désir de nous rendre les objets propres de l'estime et de l'approbation[2]. » C'est cette vision anthropologique qui poussera Smith à affirmer par la suite que l'intérêt général n'est que le résultat de la somme des intérêts particuliers et que par conséquent, l'homme, laissé libre, va faire le bon choix. Tout en cherchant à ne jamais perdre de vue son propre bénéfice, il est « naturellement ou plutôt nécessairement » porté à préférer ce qui est avantageux aussi pour la société. Mais peut-on fonder la confiance sur la certitude que l'homme, en faisant un choix égoïste, aura un impact nécessairement positif pour la société ?

1. Adam Smith, *Théorie des sentiments moraux*, *op. cit.*, I, I, 1, p. 1.
2. *Ibid.*, I, I, 1, p. 2-3.

Le dilemme du prisonnier

La modélisation du dilemme du prisonnier, réalisée par les économistes contemporains dans le cadre des théories des jeux[1], est censée répondre à ces questions. Mais elle montre aussi les limites d'une doctrine qui réduit la confiance à la combinaison des préférences individuelles. Si nous analysons de plus près cet exemple de deux prisonniers qui doivent décider, lors de leur interrogatoire, s'il faut coopérer ou non l'un avec l'autre, nous constatons en effet que la poursuite stricte de l'intérêt personnel n'amène hélas pas au choix de coopérer avec l'autre.

Reprenons simplement ce dilemme fort célèbre. Deux suspects sont arrêtés par la police, mais les preuves recueillies ne sont pas suffisantes pour les inculper. Les agents décident alors de leur faire la même offre, en les interrogeant séparément : si tu dénonces ton complice et qu'il ne te dénonce pas, tu seras remis en liberté et l'autre écopera de dix ans de prison. Si tu le dénonces et lui aussi, vous écoperez tous les deux de cinq ans de prison. Si personne ne se dénonce, vous aurez tous deux un an de prison. Les deux prisonniers commencent

1. La théorie des jeux a été introduite en 1947 par John von Neumann et Oskar Morgenstern, *The Theory of Games and Economic Behaviour*, Princeton, Princeton University Press, 1947. La première analyse du dilemme du prisonnier nous a été en revanche donnée par le mathématicien Albert Tucker en 1950 (William Poundstone, *Prisoner's Dilemma*, Doubleday, New York, Anchor Books, 1992).

alors à réfléchir, chacun prenant en compte les deux réactions possibles de l'autre. Si mon complice avouait, pense chacun, alors je risquerais soit cinq ans de prison si moi aussi j'avoue, soit dix ans si je n'avoue pas. En revanche, si mon complice n'avouait pas, alors je pourrais soit n'écoper que d'un an d'emprisonnement si moi aussi je n'avoue pas, soit être libéré si j'avoue. En effet, si les deux prisonniers avouent, ils vont alors être tous les deux emprisonnés pendant une durée de cinq ans. Au contraire, si l'un dénonce et que l'autre n'avoue pas, celui qui dénonce sera relâché tandis que celui qui n'avoue pas sera emprisonné pendant dix ans. Enfin, si personne n'avoue, les deux n'auront qu'une peine d'un an d'emprisonnement.

Selon les spécialistes en théorie des jeux, il serait *rationnel* d'avouer, quoi que fasse l'autre, et *irrationnel* de ne pas avouer, parce que le risque d'être dénoncé par l'autre coûte trop cher. Donc, en suivant les théoriciens de la nécessaire poursuite de son propre intérêt, il faudrait que j'avoue. Ne pouvant me reposer sur un autre que moi, je n'ai qu'à poursuivre mes propres intérêts. Mais si on approfondit cette théorie des jeux, cette solution est à courte vue et démontre fort bien que, lorsque chacun poursuit son intérêt individuel, le résultat n'est pas optimal. Il le serait en revanche si chacun décidait de ne pas chercher à maximiser son propre intérêt et faisait le choix de la *coopération*. Ce qui voudrait dire, dans le cas en question, le choix irrationnel de ne pas avouer. Ce jeu est en effet à « somme non nulle », car la somme des gains pour les participants n'est pas toujours la même. Il soulève donc nécessairement la question de la coopération, car le choix gagnant est paradoxalement le « choix irrationnel » de la coopération avec l'autre. C'est ce que n'ont pas saisi les théoriciens libéraux du « calcul égoïste ».

Pour que cette coopération puisse avoir lieu – c'est là tout l'intérêt de ce dilemme – il faut pouvoir avoir confiance en l'autre et prendre un risque qui dépasse largement la simple question de la poursuite de mon *propre intérêt*. La coopération (ne pas avouer tous les deux) rapporte plus que l'égoïsme (avouer tous les deux). Mais comment pourrais-je coopérer si je ne faisais pas confiance à autrui ? Pourrais-je choisir de façon irrationnelle ma conduite si je ne comptais que sur moi ?

Si je me fie uniquement à mon jugement froid et rationnel, je ne peux que chercher à maximiser mon propre intérêt, quoi qu'il arrive, sans prendre en compte les autres et leurs intérêts. C'est pourtant tout le contraire qui ressort de l'exemple du prisonnier et qu'illustre l'histoire la plus immédiate du capitalisme financier. Car, souvent, le choix rationnel qui me conduirait à ne pas faire confiance aux autres et à ne pas coopérer ne génère pas les meilleurs résultats. Au contraire, ce n'est qu'à partir du moment où je décide de ne pas suivre mon intérêt le plus immédiat et que je décide de coopérer, que le résultat du choix est avantageux pour tout le monde. Parfois, les conséquences de l'égoïsme – ce choix soi-disant rationnel pour les économistes –

peuvent même s'avérer désastreuses : ne poursuivre que son propre intérêt ébranle la « confiance mutuelle » et engendre un climat de *méfiance généralisée*, comme nous pouvons le constater lors des crises financières.

CHAPITRE 2

La monnaie des sots

> Les mots sont les jetons des sages, qui ne s'en servent que pour calculer, mais ils sont la monnaie des sots, qui les estiment en vertu de l'autorité.
>
> Hobbes, *Léviathan*

La « confiance des uns » dépend de la « loyauté des autres ». L'histoire même de la monnaie nous le montre : quand on n'a plus confiance dans le fonctionnement d'un système, on ne croit plus en rien, pas même en la valeur de l'argent. Le portrait que Montesquieu dresse du financier écossais John Law, le premier créateur du billet de banque, est en cela riche d'enseignements. Les premiers paragraphes de son allégorie pittoresque sont bien connus :

> Dans une île près des Orcades, il naquit un enfant qui avait pour père Éole, Dieu des Vents, et pour mère une nymphe de Calédonie. [...] Dès qu'il fut grand, son père lui apprit le secret d'enfermer les vents dans des outres, qu'il vendait ensuite à tous les voyageurs. Mais, comme

la marchandise n'était pas fort prisée dans son pays, il le quitta et se mit à courir le Monde en compagnie de l'aveugle Dieu du Hasard[1].

Ayant appris l'art de la banque de son père, nous dit Montesquieu, Law devient un spéculateur habile. La suite du « Fragment d'un ancien Mythologiste », si elle est moins célèbre, n'est pas moins intéressante. Montesquieu se moque des efforts de l'Écossais pour remplacer le système monétaire français fondé sur l'or et l'argent (« Bétique ») par un autre fondé sur le papier-monnaie et les actions. « Croyez-moi, quittez les pays des vils métaux ; venez dans l'Empire de l'Imagination ; et je vous promets des richesses qui vous étonneront vous-mêmes. Aussitôt il ouvrit une grande partie des outres qu'il avait apportées, et il distribua sa marchandise à qui en voulut. » Pour Montesquieu, Law n'est qu'un escroc à l'imagination débordante, un vendeur de vent qui n'aurait jamais dû être pris au sérieux. Il est pourtant à l'origine du système financier contemporain… Car John Law était effectivement un visionnaire. Mais son imagination ne fit qu'anticiper les développements économiques du XXe siècle. Ce fut bien avant les autres qu'il comprit que le système monétaire reposant sur l'or et l'argent allait irrémédiablement s'effacer devant un monde nouveau où les billets émis par les banques et les papiers de crédit reposant sur la seule confiance des acteurs économiques allaient devenir la seule monnaie en circulation.

1. Montesquieu, *Lettres persanes op. cit.*, t. I, lettre 142, p. 350.

L'invention de la monnaie

Law eut toutefois raison trop tôt. Et lorsqu'il arriva à convaincre Philippe d'Orléans de lui faire confiance, en établissant la première banque émettrice de monnaie en papier, il fut à l'origine, en 1720, d'une des plus grandes banqueroutes de l'histoire. Une banqueroute colossale qui explique, au moins en partie, la méfiance légendaire des Français pour le monde de la finance. Ironie du sort, ce fut deux cent cinquante ans plus tard que le monde adopta, *mutatis mutandis*, le système du banquier écossais : le 15 août 1971, les États-Unis annonçaient la suppression complète de la convertibilité en or du dollar et faisaient tomber les derniers vestiges du système basé sur l'étalon-or[1]. Depuis, l'ensemble du système financier international ne repose plus que sur la soi-disant « confiance » qui fonde la crédibilité du système global. Mais comment faire confiance au papier-monnaie et, plus généralement, à tout ce qui n'est pas garanti en or ou en argent quand tout le reste du système repose, philosophiquement, sur l'égoïsme anthropologique ?

À partir du moment où disparaît toute référence aux métaux précieux (or, argent), la monnaie devient « autoréférencielle » : elle est un signe qui ne se réfère plus qu'à elle-même et dont la valeur ne tient plus qu'à

1. Voir à ce propos Antoin E. Murthy, *John Law. Économiste et homme d'État*, Peter Lang, 2007.

la confiance dont jouit l'autorité qui l'émet. C'est pourquoi on dit que la « confiance dans l'argent » est la pierre de touche de la « confiance dans l'ordre social » : un paiement lie directement les individus à l'ensemble de la société et des institutions dont ils font partie. Dès lors, la confiance devient la clé d'un système très technique qui n'a pas encore bien saisi qu'il repose entièrement sur quelque chose qu'on ne décrète pas. On ne commence à s'en rendre compte qu'aujourd'hui, au lendemain de la crise des *subprimes*. Mais pour mieux comprendre les « crises de confiance » qui peuvent frapper le fonctionnement même du système économique, il faut revenir sur la signification et la valeur du rapport entre monnaie et confiance. Ce qui va bien au-delà des simples mécanismes économiques.

Pour le dire très simplement, la monnaie est tout d'abord un moyen d'échange. Comme l'explique déjà Aristote, elle remplit plusieurs fonctions : elle représente un intermédiaire dans les échanges ; elle est aussi un instrument de mesure de la valeur des biens échangés ; elle est, enfin, un instrument de réserve de valeur. Au cours du XVIIIe siècle, s'impose l'idée que la monnaie est neutre et qu'elle n'a pas d'incidence sur les données réelles de l'économie (production, emploi, etc.). Mais après quelques voix dissidentes au XIXe siècle, Keynes contestera explicitement ce dogme et, dans la *Théorie générale de l'emploi, de l'intérêt et de la monnaie* (1936), le grand économiste fondera la théorie monétaire contemporaine sur la notion de « préférence pour la liquidité ». Selon cette théorie, les individus auraient tendance à préférer la liquidité aux autres formes de richesse, en conservant leurs épargnes sous une forme liquide plutôt que de les investir. Loin d'être « neutre », la monnaie serait alors chargée de valeur ; elle exprimerait le besoin de certitude que chacun éprouve à l'intérieur d'une société. Est-elle, pour autant, un « catalyseur » universel de la confiance collective ? D'où tire-t-elle sa légitimité ? N'oscille-t-elle pas tout le temps entre « violence » et « confiance »[1] ? Au fond, l'économiste Joan Robinson (1903-1983) ironisait à peine lorsqu'elle disait il y a quelques années que la monnaie est comme un « éléphant » : « On sait quand elle est là mais on ne sait pas très bien la définir ! »

Introduite pour remplacer le troc, c'est-à-dire l'échange direct des biens, la monnaie commence par assurer, dès son introduction, le fonctionnement de l'économie : « Les différentes choses nécessaires à nos besoins naturels n'étant pas toujours d'un transport facile, écrit Aristote, on se mit par la suite mutuellement d'accord, en vue des échanges, pour donner et recevoir une matière de nature telle que, tout en gardant une unité intrinsèque, elle offrît l'avantage de se transmettre aisément de la main à la main pour assurer les besoins vitaux[2]. » La monnaie représente donc, dès l'origine, l'intermédiaire par excellence des échanges[3]. Pour que l'économie fonctionne, cependant, les

---

1. Voir à ce propos Michel Aglietta, André Orléan, *La Monnaie entre violence et confiance*, Paris, Odile Jacob, 2002.
2. Aristote, *Politique*, Paris, Vrin, 1962, I, 9, 1257a 34-37.
3. Aristote, *Éthique à Nicomaque*, Paris, Vrin, 1990, 5, 8, 1133a 20.

individus doivent avoir confiance dans cette institution. Ce qui met directement en jeu le pouvoir politique et sa capacité à être le garant de la valeur de la monnaie. Certains philosophes et anthropologues, notamment Karl Marx, Georg Simmel et François Simiand, le soulignent à plusieurs reprises. Adoptant une approche pluridisciplinaire, ils insistent sur le fait que comprendre la nature de la monnaie permet de mieux saisir les rapports sociaux. Mais aussi ceux qui traitent de la monnaie dans un cadre plus strictement économique reconnaissent cette *valeur sociale* de l'argent. Tous admettent que la monnaie repose sur la confiance : c'est cette dernière qui fonde à la fois la croyance que la monnaie sera acceptée dans les échanges et l'espoir que celle-ci ne se dévalorisera pas. Mais comment faire crédit à la monnaie ?

Une « abstraction tangible »

Toute monnaie est par essence « fiduciaire », car elle n'est qu'un « signe » : elle représente une certaine valeur sans s'y identifier. C'est pourquoi elle repose sur la confiance de ceux qui s'en servent, sur leur croyance de pouvoir l'utiliser lors des échanges. C'est toute la question soulevée dès l'époque de Charles IX, lorsque les Français ont accepté – bon gré, mal gré – que la livre tournois (la monnaie de l'époque) pût contenir moins d'argent que ce contre quoi elle s'échangeait. Le souverain donnait à ses sujets la garantie qu'ils pourraient, à l'occasion, échanger cette livre contre une quantité supérieure d'argent. Mais cette question des garanties étatiques ne sera jamais entièrement résolue. Et elle va se poser de façon dramatique en 1720, puis sous la Révolution française, lorsque la monnaie se dématérialise et qu'elle devient du papier-monnaie. Car dans ce cas, le Français va devoir croire (avoir confiance) qu'il pourra toujours échanger ce papier contre l'équivalent en argent. Pourtant – et c'est là tout le problème de la monnaie –, la convertibilité des billets n'implique pas qu'il y ait toujours une couverture en métal de ces mêmes billets. En fait, le papier n'est que la promesse qu'il sera toujours couvert. Il s'agit d'une promesse socialement garantie et, pour cela, généralement acceptable. Mais qu'arrive-t-il lorsque cette promesse n'est pas tenue ?

Pour Georg Simmel, qui cherche à comprendre le genre de relations qui unissent les individus dans l'échange monétaire, la monnaie est une « abstraction tangible » : c'est une médiation qui, tout en restant tangible, s'abstrait progressivement pour devenir « medium »[1]. C'est une « institution » qui contribue au développement des relations de confiance entre les individus car elle oblige chacun à croire qu'en l'acceptant en paiement, on pourra à son tour l'utiliser comme moyen de paiement pour obtenir les objets qu'on désire. Dans un tel contexte, ce qui justifie la confiance qu'on a en la monnaie – indépendamment de sa convertibilité et de sa

1. Georg Simmel, *Philosophie de l'argent op. cit.*, p. 243.

couverture – c'est que sa valeur dépasse toujours la valeur des objets qu'on peut acheter avec elle. Avec l'argent, en principe, on peut obtenir n'importe quel objet : « La simple possibilité d'usage illimité qu'il [l'argent] a en lui ou plutôt qu'il est en soi – à cause de son manque absolu de contenu propre – a sa traduction positive en ceci qu'il ne connaît pas le repos et pousse sans cesse à son emploi, quasi spontanément[1]. » L'argent n'est pas seulement un montant échangeable contre autre chose. Il inclut aussi la possibilité de choisir. À la différence des marchandises qui ne sont convertibles qu'en une seule valeur, la monnaie, en effet, est convertible en toutes les marchandises. Ce qui crée un déséquilibre constant entre celui qui veut des marchandises et celui qui possède l'argent pour les acheter. D'autant qu'un bien particulier peut être consommé à un instant précis et pas à d'autres instants (comme, par exemple, le poisson dont la valeur baisse avec le temps, car il se gâte vite), là où l'argent, ne possédant pas de propriétés concrètes, peut en principe être utilisé à n'importe quel moment. C'est pourquoi celui qui détient de l'argent jouit de plus de liberté que les autres. Sauf, évidemment, si son pouvoir d'achat baisse, car c'est la monnaie, dès lors, qui n'est plus fiable. Ce n'est pas un hasard si les économistes considèrent que la question de l'inflation est elle aussi centrale, lorsqu'on s'interroge sur le rapport entre monnaie et confiance. Comment faire encore confiance à la monnaie si sa valeur n'est pas constante et qu'elle risque de s'effondrer ?

1. *Ibid.*, p. 247.

Ce qui pose, en d'autres termes, la question de savoir comment faire confiance aux autorités monétaires qui gèrent le problème de la quantité d'argent en circulation et qui détiennent ainsi la clé de la valeur de la monnaie. L'histoire des crises financières, depuis celle de Law jusqu'à celle des *subprimes*, rend compte de cette grande difficulté. C'est donc pour mieux saisir la signification et les conséquences de la crise du crédit qu'il nous faut passer par un détour historique.

La banqueroute de Law

Les premières monnaies de papier apparaissent en Italie, entre le XIVe et le XVe siècle. C'est cependant au début du XVIIe siècle que les banques commerciales d'Amsterdam et de Hambourg commencent à émettre des certificats de dépôt, qui garantissent au porteur un avoir en florins d'argent. Quant à la possibilité pour une banque d'émettre une valeur en billets supérieure à celle de son encaisse métallique, il faut attendre 1694, lors de la création de la Banque d'Angleterre qui va favoriser l'essor du crédit en se donnant la possibilité de prêter dix fois plus d'argent que ce qu'elle a comme réserves.

En France, la banqueroute de Law en 1720 montre les premières limites de ce système, dès lors que les garanties de l'État ne sont pas suffisantes pour éviter les spéculations et les fraudes. Après la mort de Louis XIV, le régent Philippe d'Orléans veut relancer l'économie.

Alors que l'État est fortement endetté en raison notamment des guerres du grand roi, le régent se laisse convaincre par le plan de relance de John Law, qui propose de créer une monnaie de papier et de régler son volume sur la base des besoins de l'économie générale [1]. Le programme de Law consiste à réactiver la vie économique en augmentant la quantité d'argent en circulation. Comme il l'explique lui-même dans *Considérations sur le numéraire et le commerce* (1705), c'est l'abondance de monnaie qui détermine la prospérité de l'économie. Pour réaliser cette augmentation de monnaie, il préconise donc de démonétiser l'or et l'argent et de recourir à la création du papier-monnaie : « Le papier qui ne coûte rien ou presque, dit-il, est la manière la plus propre et la plus commode d'irriguer une économie en monnaie. » L'Écossais propose ainsi au régent la création d'une banque chargée d'émettre cette monnaie de papier, sur le modèle de la Banque d'Angleterre : il est convaincu que cette nouvelle monnaie peut se soutenir elle-même en raison de la « foi publique ». D'autre part, il envisage la fondation d'une grande compagnie de commerce, appuyée sur la banque, à même de monopoliser le commerce en provenance des colonies (Antilles, embouchure du Mississippi, Québec).

Philippe d'Orléans donne son accord aux différentes initiatives de Law et, en 1716, naît une première banque dont les actions sont payables pour un quart en espèces

1. Pour une analyse détaillée de la question, voir Edgar Faure, *17 juillet 1720. La banqueroute de Law*, Paris, Gallimard, 1977.

et pour trois quarts en papier d'État (titres de rente). À côté de la banque, est également créée une compagnie de commerce, la Compagnie perpétuelle des Indes, au capital de 100 millions de livres en actions payables entièrement en papiers royaux. En dépit des critiques de certains comme Voltaire [1], le succès de l'opération envisagée par Law est immédiat. En 1720, Law est même nommé contrôleur général des Finances. Mais c'est justement cette année-là qu'apparaissent les premières faiblesses du système : la banque, devenue entre-temps Banque royale, n'arrête pas de spéculer et porte les actions à un cours démesuré ; le capital de la Compagnie est progressivement augmenté : aux 200 000 actions de 1717 (les actions mères) s'ajoutent, en 1719, 100 000 nouvelles actions. En dépit des mesures prises par Law pour endiguer la tendance à la dépréciation, cette spéculation commence à provoquer la baisse des actions. D'autant que Law n'hésite pas à ajouter aux émissions régulières de billets, qui correspondent aux montants fixés par le Conseil de régence, des émissions clandestines. Et lorsque les détenteurs de billets demandent le correspondant en espèces, les banquiers n'ont pas de réserves suffisantes pour faire face aux demandes. C'est la banqueroute…

1. Dans une lettre de juillet 1719, Voltaire écrivait notamment ceci : « Êtes-vous réellement devenus tous fous à Paris ? Je n'entends parler que de millions. On dit que tout ce qui était à son aise est dans la misère et que tout ce qui était dans la mendicité nage dans l'opulence. Est-ce une réalité ? Est-ce une chimère ? la moitié de la nation a-t-elle trouvé la pierre philosophale dans les moulins à papier ? Law est-il un dieu, un fripon, ou un charlatan qui s'empoisonne de la drogue qu'il distribue à tout le monde ? M. le R… est-il de bonne foi, ou est-il trompé ? Veut-il avoir tout l'argent du royaume, ou se contente-t-on de richesses imaginaires ? »

En juillet 1720, la banque est contrainte à la fermeture. Les émeutes se multiplient. Les finances publiques s'écroulent. Law s'enfuit. Les billets de banque sont cloués sur les portes des chaumières comme un signe diabolique que les Français ne veulent plus jamais revoir.

Par cette catastrophe, la confiance envers l'institution bancaire et la monnaie fiduciaire est ébranlée pour longtemps en France, tandis que la méfiance s'installe pour tout ce qui concerne les emprunts et les dettes d'État. Le lien déjà fragile entre les sujets et le pouvoir monarchique se trouve rompu. C'est la parole même de l'État qui n'a plus de crédibilité, alors que, comme le souligne Michelet, l'État est devenu banquier, et qu'il n'a jamais eu autant besoin de confiance. C'est pourquoi, au-delà même de son aspect financier, la banqueroute de 1720 a une valeur de symptôme [1] : les Français commencent à se rendre compte que rien n'est pérenne et que tout peut s'effondrer brusquement. Montesquieu l'explique bien dans ses *Lettres persanes,* lorsqu'il souligne que, avec cette faillite du crédit d'État, c'est la pensée elle-même qui se trouve atteinte, comme privée de ses repères les plus rudimentaires.

Lorsque, à l'ordre immuable reposant sur le divin se substitue un ordre flexible, la fragilité de la confiance guette le système. Au moment même où cette confiance devient nécessaire à l'équilibre de la société, l'État se montre incapable d'en être le garant. Avec le crédit

1. Voir Jean-Michel Rey, *Le Temps du crédit,* Paris, Desclée de Brouwer, 2004.

d'État, c'est une promesse qui se trouve nécessairement impliquée sur le terrain même de l'économie. Mais cette promesse n'est renouvelable qu'à condition d'être tenue. Or, l'expérience de Law montre qu'on peut facilement promettre des choses qui ne sont manifestement pas possibles. Mais elle montre aussi que lorsque les promesses ne sont pas respectées, on détruit non seulement la confiance dans le système économique, mais aussi la confiance qu'on peut avoir en l'État, et par là même, en la société.

Crédit public

Au moment même où l'économie politique est censée prendre son essor, en faisant de la confiance le principe clé du développement, l'épisode de la banqueroute de Law diffuse insidieusement la méfiance à l'égard de la « richesse des nations ». Et cette méfiance ne cessera de croître à la lumière des assignats qui, en 1790, semblent rejouer plus ou moins la mauvaise pièce de 1720. Dès que ces papiers perdent leur valeur, le peuple cesse de croire aussi en la révolution. La banqueroute génère la défiance, d'autant plus rapidement que la confiance est plus facile à perdre qu'à retrouver. Comme le disait Duclos dans ses *Mémoires secrets*, « la confiance s'inspire par degrés, mais *un instant la détruit* et il est alors comme impossible de la rétablir ».

C'est parce qu'on fait confiance au système qu'on s'endette, qu'on utilise des chèques ou des cartes de crédit. C'est donc bien la preuve que tout dépend directement de la solidité des accords au sein d'une société, du degré de fiabilité des relations entre les différents groupes sociaux : la crédibilité d'un État et celle de sa monnaie vont de pair[1]. Sans un État crédible, il n'y a pas de relation financière possible. Mais sans un système bancaire solide et digne de confiance, c'est l'économie d'un pays tout entière qui plonge dans un état de désordre. Celui qui a confiance dans la stabilité de la valeur de l'argent, explique Niklas Luhmann, présuppose au fond qu'un système fonctionne : sa confiance ne se porte pas sur des personnes qu'il connaît, mais sur le fonctionnement même du système[2]. Mais la capacité fonctionnelle du système suppose, à son tour, qu'on puisse faire confiance à l'argent et que les individus puissent croire que la monnaie dont ils disposent possède réellement la valeur qu'elle promet.

À partir du moment où la société du « crédit » devient le trait marquant de la modernité – son « credo du capital », comme le dira Marx –, les individus doivent impérativement croire dans le « crédit public » sous peine que

1. Dans un texte célèbre, « Du désordre et des remèdes des monnaies dans l'État de Milan en l'an 1762 », Cesare Beccaria commentera ainsi la banqueroute de Law : « Une nation, si elle n'a pas assez d'intrinsèque pour pouvoir payer ses dettes, ne les payera jamais en écrivant sur un papier *je dois tant d'intrinsèque.* Les billets de banque sont l'aveu d'une dette, non pas un paiement ; et qui les cède à d'autres, ne donne pas d'argent, mais cède un crédit. »

2. Niklas Luhmann, *La Confiance*, *op. cit.*, p. 58.

celui-ci ne disparaisse. L'*Encyclopédie* de Diderot et d'Alembert décrit souvent le crédit dans les termes d'un « contrat renouvelable » : « Lorsque la confiance générale est éteinte, et que par le resserrement de l'argent les denrées manquent de leurs signes ordinaires, une banque porte la vie dans tous les membres du corps politique [...]. Le discrédit général est une situation violente dont chaque citoyen cherche à se tirer. » Il faut désormais croire à ces « vignettes de fantaisie », pour employer la belle formule de Claudel, ou fuir ce système sans espoir d'y revenir. Mais l'auteur du *Soulier de satin* sait aussi qu'il est très difficile de s'arracher aux « magies de l'économie politique », surtout dès lors que, avec l'autre magie du système, la Bourse, les hommes se trouvent pris au piège d'une « formidable illusion [1] »...

Spéculations boursières

Lorsque Émile Zola décrit la Bourse, cette « caverne mystérieuse et béante, où se passent des choses auxquelles personne ne comprend rien », lit-on dans son dossier préparatoire de *L'Argent*, il n'a pas l'intention de s'inscrire dans la droite ligne de la littérature « boursière » du XIXe siècle. Entre 1873 et 1892, on peut compter au moins une trentaine de romans où la Bourse, et notamment son caractère maléfique, occupe une place centrale. Mais le but de Zola n'est pas de dire du

1. Paul Claudel, *Œuvres en prose*, Paris, Gallimard, 1965, p. 356.

mal de l'argent ou de critiquer la spéculation boursière qui « enrichirait » sans « créer des richesses ». Il vise, au contraire, à convaincre le lecteur qu'il est temps d'abandonner les anciens préjugés qui entourent la finance pour célébrer l'« argent nouveau » du capitalisme par actions. « Ah ! la joie d'être, est-ce qu'au fond il en existe une autre ? La vie telle qu'elle est, dans sa force, si abominable qu'elle soit, avec son éternel espoir ! » s'exclame Mme Caroline dans la scène finale du roman. « Pourquoi faire porter à l'argent la peine des saletés et des crimes dont il est la cause ? L'amour est-il moins souillé, lui qui crée la vie ? [1] »

L'Argent est publié en 1891. On est en plein scandale de Panama. Mais c'est surtout le krach de l'Union générale (1881-1882), dans lequel le banquier Eugène Bontoux vit sa société ruinée par la spéculation des Rothschild, qui inspira Zola. À l'époque, l'effondrement de cette grande banque catholique provoque des réactions scandalisées. « Les opérations sont fictives, les bénéfices sont fictifs, la valeur est fictive, c'est une simple convention », écrit Maupassant au lendemain du krach de l'Union générale [2]. Et il n'est pas le seul. La plupart des Français ne comprennent pas comment on peut, par exemple, s'engager à vendre quelque chose qu'on n'a pas encore acheté, comment on peut s'exposer sans risque à toutes les variations de

1. Voir à ce propos Christophe Reffait, *La Bourse dans le roman du second XIXe siècle*, Paris, Champion, 2007.
2. Guy de Maupassant, « À qui la faute ? », *Le Gaulois*, 25 janvier 1882.

cours des actions. Comment, dira-t-on en 2008, Wall Street peut l'emporter sur Main Street ?

Mais Zola est fasciné par les risques que prennent consciemment les financiers (« Le risque, tout est là, et la grandeur du but aussi »), ces « poètes du million » qui, comme Saccard, aiment voir circuler l'argent, s'opposant aux vieux banquiers qui préfèrent accumuler et thésauriser : « Quel homme ce Saccard ! d'une assurance impassible, le visage toujours souriant, sans qu'on pût savoir si ce n'était qu'un masque, posé sur les effroyables préoccupations qui auraient torturé tout autre ! » D'où la réaction d'un Huysmans à la lecture de *L'Argent* : « Moi, ce qui me fait horreur là-dedans, c'est l'âme de mufle qui sort, l'admiration de ce parvenu pour les Rothschild, pour les gens de la Bourse. Quelle bassesse[1] ! » Mais le génie de Zola, dans ce roman-somme sur la Bourse, est d'avoir compris, en dépit de la réticence de ses contemporains, la « féconde puissance » et la « force expansive » de l'argent. Les jeux boursiers et la prise de risque ouvrent selon lui, dans le monde occidental, une nouvelle voie à la confiance : une *confiance en soi* qui s'enracine dans la volonté de se dépasser soi-même constamment ; une confiance en soi qui, jouant avec le risque, va progressivement devenir la clé de voûte de l'hyper-individualisme contemporain. « Quel mal voyez-vous là ? Les risques courus sont volontaires, répartis sur un nombre infini de personnes, inégaux et limités

1. Joris-Karl Huysmans, « Lettre à Prins du 26 février 1891 », in *Lettres inédites à Arij Prins (1885-1907)*, publiées et annotées par Louis Gillet, Genève, Droz, 1977.

selon la fortune et l'audace de chacun, dit Saccard. On perd, mais on gagne, on espère un bon numéro, mais on doit s'attendre toujours à en tirer un mauvais, et l'humanité n'a pas de rêve plus entêté ni plus ardent, tenter le hasard, obtenir tout de son caprice, être roi, être dieu ! » Saccard n'a pas entièrement tort. La confiance en soi permet à l'homme de croire qu'il peut « être roi, être dieu ». Mais quels sont exactement les liens entre risque, hasard et confiance en soi ? En quoi les spéculations boursières peuvent-elles laisser encore une place à la confiance ? D'ailleurs n'est-ce pas la fièvre de la spéculation qui perdra Saccard lui-même ?

Les choses sont toujours plus compliquées qu'il n'y paraît. Comme l'a expliqué récemment Michel Pébereau, président de BNP Paribas, lorsqu'on lui a demandé quelle était la part de la spéculation dans la crise actuelle, « il n'est pas toujours facile de distinguer avec certitude ce qui mérite ou non le nom de spéculation. Quand vous achetez des actions, est-ce de la spéculation ou un placement ? » (*Le Monde*, 12 mars 2010). Il semble pourtant évident qu'il existe une différence essentielle entre les spéculations des épargnants qui cherchent à faire fructifier leur argent et celles de certaines banques d'affaires anglo-saxonnes qui, très récemment, pour se débarrasser de leurs hypothèques les plus risquées, n'ont pas hésité à les découper en plusieurs tranches et à les revendre ensuite sur le marché financier international... Ce que confirme François Henrot, président de la banque Rothschild, disant que les causes de la crise « se trouvent dans l'excès d'arrogance d'une bonne partie de mes confrères qui se sont aveuglés eux-mêmes et, plus grave, ont aveuglé leurs clients sur la réalité des risques des produits qu'ils fabriquaient et qu'ils vendaient » (*Libération*, 3 avril 2010).

Partie intégrante du système financier, la Bourse est censée rendre possibles la rencontre et l'interaction entre, d'une part, des acteurs économiques comme les entreprises ou les administrations qui sont en quête permanente de capitaux pour financer leurs projets et, d'autre part, les épargnants au sens large dont les ressources excèdent les besoins de consommation. Le but du système est d'être efficace, en assurant à la fois le financement des investissements et une bonne allocation de l'épargne. Ce qui, en principe, peut être fait soit grâce à l'intermédiaire des banques, soit directement sur le marché financier, dont le fonctionnement repose alors sur l'existence de bourses de valeurs. Dans tous les cas, le système financier tourne autour d'un certain nombre de titres émis sur le marché, puis achetés et revendus par les épargnants sur la base des informations qui leur sont livrées par des agences de notation censées évaluer la valeur de ces titres.

En règle générale, le prix des titres est fixé sur la base du rapport existant entre l'offre et la demande, selon le postulat clé du libéralisme économique qui considère que les marchés financiers se corrigent constamment eux-mêmes. À partir des années 1990, toutefois, on a assisté à une véritable explosion de la capitalisation boursière, ce qui a conduit tout d'abord à la multiplication du prix des titres par le nombre de titres émis et, par la suite, à l'émergence de ce qu'on appelle aujourd'hui le phénomène des bulles spéculatives : lorsque le prix d'un titre progresse sans arrêt en s'éloignant de sa « vraie » valeur, il arrive tôt ou tard un moment où la bulle explose ; c'est alors qu'on est confronté à un krach boursier.

Quoi qu'il en soit, pour que ce système boursier puisse fonctionner, il faut un minimum de confiance, notamment de la part de ceux qui investissent leurs capitaux : pour prendre des décisions d'investissement il faut pouvoir faire confiance à ceux qui émettent les titres et à ceux qui les notent ; il faut avoir la conviction que les informations qu'on reçoit, notamment sur la situation financière des sociétés cotées en bourse, sont exactes et complètes. Mais il faut aussi qu'on soit mis au courant des risques que l'on court en investissant sur certains produits financiers, en faisant tel ou tel placement, même si le risque ne peut jamais être quantifié de façon certaine. Sans cela, tôt ou tard, le crédit apparaît au mieux comme une garantie relative, au pire comme une coquille vide voire une escroquerie…

À la recherche du crédit perdu

La confiance est à la base de tout le système financier. C'est une évidence qui n'a pas échappé aux plus lucides, dès le début du XXe siècle. Lorsqu'en 1907 se déclenche, aux États-Unis, une grave crise financière – née avec le retrait des liquidités des banques de New

York et la perte de confiance des dépositaires – le banquier J.P. Morgan décide d'intervenir : pour soutenir le système bancaire américain, il engage ses fonds propres et convainc d'autres banquiers d'en faire de même. Son intervention ne permettra pas de sortir réellement de cette crise. Il faudra attendre la fin de 1913 – lorsque est créée une banque centrale pour garantir tous les dépôts, la fameuse Réserve fédérale des États-Unis (FED) –, pour que la crise s'arrête. Mais Morgan avait parfaitement compris le rôle clé que la confiance joue dans le fonctionnement du système bancaire. C'est pourquoi il n'hésite pas à l'évoquer dans le célèbre interrogatoire auquel le soumet le procureur Samuel Untermyer qui, en 1913, enquête sur le monopole éventuel exercé par Morgan et d'autres banquiers new-yorkais sur la finance américaine du début du XXe siècle :

> Untermyer : Est-ce que le crédit n'est pas accordé essentiellement en fonction de l'argent ou des biens ?
>
> Morgan : Non, Monsieur. En fonction de la réputation.
>
> Untermyer : Elle compte plus que l'argent ou que la propriété ?
>
> Morgan : Plus que l'argent, plus que tout le reste. L'argent ne peut vous l'acheter... Si je ne fais pas confiance à quelqu'un, il pourra toujours m'offrir tous les titres de la chrétienté que je ne lui donnerai pas un sou [1].

1. Cité par Robert F. Bruner et Sean D. Carr, *The Panic of 1907 : Lessons Learned from the Market's Perfect Storm*, John Wiley & Sons, Hoboken, New Jersey, 2007, p. 182-183.

On voit bien à quel point la question de la confiance est centrale : sans confiance, pas de crédit ; sans confiance, pas de dépôts ; sans confiance, c'est tout le système financier qui s'effondre. La crise des *subprimes* l'a, on ne peut mieux, illustré, donnant lieu à une des plus graves récessions économiques depuis 1929. C'est tout l'édifice de la confiance qui s'est effondré, car les gens ont progressivement découvert que tous les principes clés qui permettent aux mécanismes financiers de soutenir la confiance des ménages avaient été bafoués : les agences de notation avaient sous-estimé les risques inhérents aux titres hypothécaires ; le crédit hypothécaire avait été accordé, voire encouragé, auprès de gens à faible garantie, quand ce n'était pas à des personnes sans revenu et sans emploi ; les banques s'étaient débarrassées de leurs hypothèques les plus risquées en les restructurant dans des titres représentatifs des créances bancaires appelés CDO (*Collateralised Debt Obligations*), découpés ensuite en plusieurs tranches et revendus sur le marché financier international (c'est le fameux processus de titrisation)... En dépit des mises en garde et des avertissements de quelques rares économistes, préoccupés face à la multiplication des prêts immobiliers à risque, rien n'a été fait pour éviter le pire. Et lorsque la crise financière a éclaté, il y a eu une réaction en chaîne qui a fini par avoir un impact désastreux sur l'économie réelle.

Revenons brièvement sur les faits pour mieux comprendre comment la confiance a été trahie par les autorités elles-mêmes. En 2000, après l'éclatement de la bulle technologique, l'économie occidentale, notamment américaine, est à bout de souffle. Le choix politique américain est clair : il faut trouver les moyens de relancer la consommation sans pour autant augmenter les revenus. C'est alors qu'on incite délibérément les ménages à s'endetter en promouvant à la fois les prêts hypothécaires pour acquérir des logements et les crédits à la consommation pour financer la vie de tous les jours. L'augmentation des prix des logements facilite d'ailleurs l'apparition de crédits bon marché et nourrit progressivement la spéculation. « Tout l'intérêt financier du processus reposait sur la facturation de frais bancaires, d'autant plus élevés que le volume était important, résume George Soros. La perspective de percevoir des frais bancaires sans courir aucun risque a encouragé des pratiques commerciales laxistes et trompeuses[1]. »

Tandis que les gens s'endettent bien au-delà de leur capacité réelle à rembourser les emprunts, les banques se débarrassent de leurs titres « synthétiques ». Peu à peu, personne ne peut plus établir clairement la « traçabilité » de ces titres et remonter ainsi à leur origine. Mais le « rêve américain » ne dure que quelques années. Et le retour au réel se révèle dramatique. Au cours de 2006, la FED décide d'augmenter ses taux d'intérêt et le système commence à s'effriter. Les défauts de paiement des *subprimes* augmentent, tandis que la valeur des logements commence à baisser. Ce qui conduit, en 2007, à une chute non seulement des

1. George Soros, *La Vérité sur la crise financière*, Paris, Denoël, 2008, p. 19.

prix des logements, mais aussi des produits titrisés associés. Et une fois que la crise se déclare, les marchés se « dégradent à une allure accélérée [1] ». La crise financière entraîne une crise du crédit. Et cette dernière conduit inexorablement à une perte généralisée de confiance.

À la fin de 2008, en dépit du soutien aux banques qui reçoivent des quantités considérables de liquidités et en dépit des mesures prises par les différents gouvernements pour rassurer les banques, le marché et les consommateurs, la machine ne repart pas. La confiance n'est plus au rendez-vous. De peur d'être trahies par leurs concurrentes, les banques elles-mêmes refusent de se prêter de l'argent les unes aux autres : c'est la *crise des prêts interbancaires*, beaucoup plus significative de ce manque de confiance que celle des *subprimes*. Après n'avoir pas hésité à proclamer que « la crise est passée », certains éditorialistes économiques renforcent la défiance à l'égard du système financier, et surtout d'une presse qui, déjà, n'en avait pas besoin, en implorant niaisement « le retour de la confiance ». Mais celle-ci ne se décrète pas. Comment peut-on envisager son retour quand ce sont les acteurs économiques eux-mêmes qui n'ont cessé de mentir et qui, désormais, se méfient les uns des autres ? Peut-on ignorer que le crédit, dont on n'arrête pas de parler, n'est qu'une confiance à demi-mot, une confiance qui dure tant qu'on croit en la capacité objective des acteurs

1. *Ibid.*, p. 24.

économiques à rembourser ultérieurement leurs dettes ?

En effet, il faut bien comprendre que la confiance dont parlent les économistes n'est pas le terme juste. Il s'agit en réalité du crédit. Quelle est la différence ? Le crédit demeure, malgré tout, dans le circuit de l'*échange*: il existe toujours une équivalence entre le prêt et le dû. Pour qu'on passe du simple crédit à la confiance, il faut pouvoir envisager la possibilité d'un pari à l'endroit d'un avenir meilleur, d'un futur qui n'apparaît plus comme le temps de toutes les incertitudes, mais comme une source de « potentialité » et de « possible ». Il faut donc comprendre que le rapport entre le créancier et le débiteur n'est pas exclusivement réglé par les lois économiques de l'échange, mais renvoie à la nécessaire dépendance des autres. C'est une *loi morale.* Mais comment accepter cette nécessaire dépendance des autres (qui est à la racine de la confiance) dans un monde qui fonctionne depuis des années sur le principe égoïste : « Profite des autres et tu récolteras les fruits de ton audace » ?

La vulgate actuelle, du discours managérial au coaching, a détruit depuis une vingtaine d'années les bases mêmes de la coopération. Pour survivre dans ce monde concurrentiel, les manuels de management nous ont appris qu'il ne fallait avoir confiance *qu'en soi.* Comment, dans un tel contexte, demander du jour au lendemain de la vraie confiance à des acteurs qui n'en ont plus la moindre élémentaire notion ? Comment leur faire même savoir ce que peut signifier la confiance alors qu'on leur a appris à confondre « confiance » et « assurance », c'est-à-dire l'audace qu'on montre aux autres et qui est censée renvoyer à la certitude d'avoir toujours raison ? C'est cet esprit *winner* du petit chef obtus et sûr de lui, dénigrant « les pleurnicheurs et les perdants, jaloux du succès des autres[1] », qui a fini par se retourner contre le système. Car personne n'a plus confiance en personne ; chacun craint que l'autre soit aussi cynique et manipulateur que lui. « Ne croire personne, mentir à tous », selon le sous-titre du film de Ridley Scott *Mensonges d'État* (2008), n'est-ce pas ce qui a servi de dogme à la plupart des acteurs du drame actuel ? Mais ce sont ces mêmes responsables arrogants qui sont devenus les « pleurnicheurs » et les « perdants », venant supplier le Congrès des États-Unis de leur accorder la plus formidable intervention publique de l'histoire humaine. Et cela ne leur a toujours pas servi de leçon !

« On est là pour vous aider »

Il n'est nul besoin de rappeler ici les pratiques des *banksters* (banquiers et gangsters) américains qui n'ont cessé de s'illustrer depuis la crise des *subprimes.* Restons plus modestement en France. En avril 2009, un peu plus d'un an après la fameuse affaire Kerviel, la Société générale lance une nouvelle campagne publicitaire. Réalisée

1. Selon la formule du tristement célèbre républicain Newt Gingrich, *To Renew America*, New York, Harper Collins, 1995.

par l'agence Saatchi & Saatchi (la même qui avait créé, il y a dix ans, le concept des *Lovemarks*), la campagne coûte à la Société générale 20 millions d'euros. Mais qu'importe le prix, quand il s'agit de reconquérir les clients et de faire en sorte que la confiance revienne ? « Nous n'avons jamais eu un tel besoin de pédagogie, d'explication pour recoller la réalité telle qu'elle est à ce qui se passe pour de vrai » (*sic*), déclare le directeur de la communication de la Société générale, dans une langue digne de Voltaire. « Dans cette campagne, on a voulu aller beaucoup plus loin et avoir une vraie dimension d'aide personnalisée en mettant en scène de vrais clients et la véritable aide qu'a apportée concrètement la banque. »

Deux films de trente secondes sont alors réalisés pour la télévision, afin de montrer l'engagement des collaborateurs au quotidien, en dressant un portrait intime d'un conseiller sur son lieu de travail. Quant à la presse écrite, la campagne se joue autour des photos de six clients qui ont accepté de témoigner. Jehanne, par exemple. Elle est modiste ; sa passion, ce sont les chapeaux. Quand elle quitte l'Université, elle veut créer son entreprise. « Mais qui aide Jehanne ? » demande la publicité. Dans une autre photo, apparaît Rose, une petite fille de six ans. Ses parents sont clients de la banque depuis 2004. Rose voudrait avoir une chambre à elle. « Mais qui aide Rose ? » On l'aura compris. C'est la Société générale qui est là pour aider tous ses clients ! C'est elle qui va permettre à Jehanne de créer son entreprise et aux parents de Rose de devenir propriétaires...

La campagne cherche à mettre en scène la fiabilité de la Société générale. Mais quelle confiance peut-on encore avoir dans une banque qui, entre-temps, se trouve mêlée à des nouveaux scandales liés aux bonus des traders et aux stock-options des dirigeants ? Au début 2010, on découvre même que la Société générale a toujours 37 milliards d'euros d'actifs toxiques dans son bilan ! Dans le Baromètre image Posternak Margerit, la banque se retrouve désormais juste après Total et France Telecom en termes de discrédit... Les photos de Jehanne et de Rose ne suffiront pas à faire aimer la Société générale ! Pour reconstruire la crédibilité d'une banque auprès des « vraies gens », les stratégies marketing ne peuvent pas tout, qu'il s'agisse du ton positif des annonces ou d'une communication « fédératrice ». La fiabilité ne s'achète pas à coups de slogans publicitaires. Elle doit pouvoir se démontrer dans la réalité. Pour rendre tangible la valeur du « dévouement » au client, il faut l'incarner dans les pratiques quotidiennes et ne pas se contenter d'opposer aux figures clés de l'irresponsabilité, comme Madoff ou Kerviel, une représentation idéalisée de la relation entre conseillers et clients qui, dans la réalité, est loin d'exister.

C'est qu'entre-temps, la crise est passée par là. Comme Orphée cherchant son Eurydice, tout le monde est désormais à la recherche de la confiance ; banquiers, politiques ou épargnants attendent tous qu'elle revienne. Miraculeusement. Mais s'est-on jamais interrogé sur la place que notre société donne depuis quelques années à la confiance mutuelle ? Ne vivons-nous pas dans un monde où l'idéologie managériale n'a cessé de nous expliquer qu'au lieu de s'en remettre et se soumettre au jugement d'autrui, chacun doit apprendre à se fier à son propre jugement ? Avoir confiance en soi pour prendre des risques !

L'éloge fatal de la self-estime

L'idée s'est progressivement imposée depuis les années 1980, notamment dans une littérature managériale très répandue dans les écoles de commerce, que la « confiance en soi » est une sorte de clé de voûte du développement non seulement personnel, mais aussi social[1]. Le présupposé paraît évident : dès lors que l'on s'accorde de la confiance, on peut en donner aux autres. La relation aux autres, en effet, ne serait que le miroir du rapport que nous entretenons avec nous-mêmes. La confiance en soi a longtemps été présentée comme la recette du succès. Une fois qu'on a confiance en soi, tout s'ensuit : du succès au bonheur, de la réussite professionnelle à l'amour. Mais qu'est-ce exactement que cette

1. Voir, par exemple : Thomas Peters, Robert Waterman, *Le Prix de l'excellence* (1982), Paris, Dunod, 1983 ; Philippe Hermel, *Management participatif*, Paris, Les Éditions d'organisation, 1988 ; Vincent Lenhardt, *Les Responsables porteurs de sens*, Paris, INSEP Éditions, 1992 ; Jay A. Conger, Rabinda N. Kanungo, *Charismatic Leadership in Organisations*, Londres, Sage Publications, 1998.

confiance en soi dont nous parlent managers et coachs ? Est-ce quelque chose qu'on peut s'accorder de façon consciente et volontaire ? Suffit-il de vouloir, comme le croient certains, pour pouvoir ?

Bien que formulées de façon souvent complexe, les règles pour survivre et s'affirmer dans le monde contemporain sont simples : contrôle de son image, maîtrise de ses émotions, de son langage… « Chaque point d'accroissement de votre sentiment personnel de bien-être accroît votre performance extérieure de manière exponentielle », affirme un manager lors d'une séance de formation continue pour cadres[1]. Pour arriver à convaincre, il faut être capable de « sélectionner » une pensée qui « accroche » et « interpelle » les autres ; il faut utiliser un langage qui surprend, rebondit, accélère ou ralentit selon les réactions qu'on perçoit autour de soi, sans pour autant jamais perdre de vue le fil conducteur de son discours et les objectifs envisagés[2]. Pour être à même de négocier avec les autres, il convient de repérer le plus rapidement possible les éléments en jeu dans la situation qui se présente, créer les conditions les plus appropriées pour déboucher sur un résultat « gagnant/gagnant », et susciter ainsi une « adhésion authentique » à ce résultat : « De nos jours, il faut posséder la capacité de filtrer le monde. Il faut pouvoir aller au-delà du tumulte et

1. Cité par Barbara Ehrenreich, *On achève bien les cadres* (2005), tr. fr. Paris, Grasset, 2007, p. 102.

2. Voir notamment Robert Jackall, *Moral Mazes. The World of Corporate Managers*, New York, Oxford University Press, 1988, p. 46-48.

mettre le doigt sur les émotions, les faits ou les événements qui comptent réellement. Il faut apprendre à distinguer entre ce qui est simplement important et ce qui est impératif[1]. »

Le but paraît simple : pour survivre dans un monde instable, je dois apprendre à sortir de mes « pensées toxiques » et transformer mes schémas de vie. Comme tout le monde, j'ai moi aussi de vraies raisons de croire en moi et en l'avenir, et j'ai raison de vouloir augmenter mon estime de moi-même. Ce n'est pas un hasard, alors, si les livres de recettes pour apprendre « à se vendre » se multiplient. Du best-seller de l'Américain Stephen Covey, *Le Pouvoir de la confiance*, au plus modeste *Confiance : mode d'emploi* du Français Hervé Sérieux, spécialiste dans les années 1980-1990 des chartes éthiques d'entreprise, tous cherchent à montrer comment la confiance en soi est la force vive des sociétés en mutation ; personne ne peut aspirer au succès sans ce « facteur » de réussite personnelle... On enfonce des portes ouvertes. Qui ne voudrait pas avoir plus confiance en soi, être plus sûr et augmenter sa « sécurité intérieure » ? Mais a-t-on jamais réfléchi, ne serait-ce qu'un instant, à cette formule qu'on emploie désormais comme une évidence, « savoir se vendre », et qui montre de façon transparente comment la confiance s'est progressivement réduite à un simple produit de supermarché, une sorte de marque de

1. Marcus Buckingham, *Le Principe moteur de l'excellence* (2005), Varennes, Québec, Éditions AdA Inc., 2007, p. 38.

fabrique qu'il faudrait acquérir pour mieux se vendre soi-même ?

Le piège de ces manuels de bonne conduite est de faire croire que la confiance n'est qu'une sorte de compétence personnelle qu'on développe à l'aide de recettes de marketing. Le but de ces vendeurs d'espoir est d'arriver à convaincre que la confiance n'est pas un simple cadeau du ciel, le résultat d'une chance que je n'ai pas eue. En réalité, elle semble surgir nécessairement dès lors que j'apprends à gérer mes actions. Il suffirait que j'arrive à me confronter avec mes fragilités : à travers un travail cognitif sur mon système de pensée, je peux arriver à faire le tri entre ce qui est utile et ce qui est, au contraire, « toxique ». Avoir confiance en moi signifie apprendre à vivre dans l'instant présent, en accumulant une série d'expériences, en évaluant les résultats de mes actions, en prenant des risques calculés et, surtout, en changeant de façon volontaire les traits les moins agréables de mon caractère. Si je n'y arrive pas, c'est que je n'ai pas encore appris à me maîtriser, car le seul responsable de mon succès, *c'est moi* : « Vous devez reconnaître que *vous seul* êtes responsable de la vie que vous vous êtes faite. Vous devez reconnaître que c'est à *vous seul* que vous devez d'être dans un monde comme celui dans lequel vous vous trouvez. Votre état de santé, vos finances, votre vie amoureuse, votre vie professionnelle, tout cela est *votre* œuvre, et celle de personne d'autre », peut-on lire dans un des livres les plus navrants de cette littérature répétitive. En d'autres termes, si vous avez échoué, c'est entièrement votre faute[1]. Aucun élément extérieur (chance, santé, fortune, relations, etc.) n'entre plus en ligne de compte. Même si les propos de tous les managers et autres coachs ne sont pas aussi péremptoires et grotesques, ils tournent tous autour de la même idée : ce n'est pas le monde qu'il faut changer, *mais nous* ! La chose paraît plus à portée de main. À tort. Comme si nous pouvions réellement tout contrôler, non seulement nos propres réactions et nos propres émotions, mais aussi les réactions et les émotions des autres, sans parler de l'environnement (familial, professionnel, politique) dans lequel nous évoluons.

Avec des positions aussi simplistes, la négation du *principe de réalité* touche à son apogée, avec tout ce que cela entraîne : culpabilisation et souffrance pour les uns ; toute-puissance de la volonté et manipulation pour les autres. C'est ce qu'on peut déplorer aujourd'hui dans de nombreuses entreprises où les salariés souffrent. Les individus se trouvent confrontés à une double contrainte (*double bind*) : d'une part, on les incite à avoir confiance en eux-mêmes et à ne pas se laisser influencer par les autres ; d'autre part, ils sont systématiquement soumis aux jugements d'une hiérarchie qui ne supporte pas les défaillances, qui les juge constamment à l'aune de leur réussite, qui leur renvoie le succès – et non l'effort ou la fiabilité – comme

1. Mike Hernacki, *The Ultimate Secret to Getting Absolutely Everything You Want,* New York, Berkley, 2001, p. 47.

critère unique de valeur. Le modèle humain véhiculé par ce fatras intellectuel est celui d'un individu idéalisé qui se dérobe à toute dépendance : il n'a plus besoin des autres et ne s'y accroche pas. Mieux, il ne doit jamais donner le sentiment d'être dépendant, la dépendance étant considérée comme le signe d'une incapacité à être *maître de soi*. En revanche, en se déclarant maître de lui, l'individu croit que tout est possible. Il n'est pas complètement dénué d'illusions. Mais celles-ci ne portent plus désormais sur ses sentiments (amitié, amour). Il est convaincu que toutes ces relations interpersonnelles sont factices. Ses illusions se concentrent sur lui-même. Il est persuadé que, si les autres n'ont pas une bonne image de lui, c'est qu'il y a quelque chose « qui ne va pas dans sa tête » : il faut « devenir un autre », une personne radicalement différente, capable d'imposer son style et ses idées... Quelle est encore la place de la confiance dans un tel univers sauvage ?

Aucune société ne survit sans un minimum de confiance mutuelle. La confiance en soi ne suffit pas. C'est la triste leçon des crises financières, générées en 1929 comme en 2008 par l'égoïsme cupide et aveugle. Franklin D. Roosevelt avait bien compris que ce discours sur la confiance mutuelle n'est pas seulement moral, comme le prétendent les esprits cyniques et à courte vue. Il est aussi nécessaire sur le plan des affaires. « Nous avons toujours su que l'égoïsme insensible était moralement mauvais ; nous savons maintenant qu'il est économiquement mauvais », dira le président des États-Unis lors de son second discours d'inauguration (1937), faisant le bilan de la soi-disant société de confiance des années folles précédant la crise de 1929. Elle n'était que le prélude de la société des années 1990-2000.

DEUXIÈME PARTIE

Le mythe de la « société de confiance »

CHAPITRE 3

La société de méfiance

> Nous [...] les gens d'ici avec nos tristes expériences et nos continuelles frayeurs, la crainte nous trouve sans résistance ; nous prenons peur au moindre craquement du bois, et quand l'un de nous a peur, l'autre prend peur aussitôt, sans même savoir exactement pourquoi. Comment juger sainement dans de telles conditions ?
>
> Franz Kafka, *Le Château*

Lorsqu'en 2009 se profile la menace d'une possible pandémie grippale, le gouvernement français, au nom du principe de précaution, décide d'opter en faveur d'une stratégie de vaccination massive. Il commande un nombre de doses de vaccin supérieur à celui de ses habitants. Au cours du mois de décembre 2009, les médecins reçoivent du ministère des avis contradictoires : d'abord que la prescription des antiviraux n'est pas indispensable, puis qu'elle doit être systématique. Entre-temps, le ministre de la Santé Roseline Bachelot déclare à plusieurs reprises que « des gens vont mourir »... En janvier

2010, le ministre se retrouve avec des millions de doses de vaccin sur les bras. La fameuse pandémie ne se déclenche pas et il n'y a qu'une minorité de Français qui choisissent de se faire vacciner… En répondant aux questions des députés sur cette campagne de vaccination, Mme Bachelot se défend de tout « abus de précaution » : « Je pourrais m'adresser un reproche, non pas celui d'en avoir trop fait pour protéger nos concitoyens […] mais celui peut-être de n'en avoir pas fait assez pour les protéger de l'irresponsabilité de certaines personnalités publiques et de la désinformation qu'elles ont organisée. » Pour Mme Bachelot, l'erreur n'est pas du côté de la précaution mais de celui du scepticisme. À défaut d'être victimes de la grippe A (H1N1), les Français seraient-ils tous atteints du virus du soupçon ?

De fait, nous sommes tous, qu'on le veuille ou non, de plus en plus suspicieux. Comment expliquer autrement cette vague de théories conspirationnistes qui nous viennent des États-Unis ? De récentes études montrent que cette tendance au « conspirationnisme », pour ne pas dire à la paranoïa, fait de plus en plus partie de la culture commune, alimentée par des best-sellers internationaux comme le livre de Dan Brown, *Da Vinci Code*, ou la série américaine *X-Files* qui postulent, sans que cela surprenne plus, que « la vérité est ailleurs »[1]… Même si ces soupçons ne poussent pas

1. Véronique Campion-Vincent, *La Société parano. Théories du complot, menaces et incertitudes*, Paris, Payot, 2007 ; Emmanuel Kreis, *Puissances de l'ombre. La théorie du complot par les textes*, Paris, CNRS Éditions, 2009.

à croire que tout est le fruit d'un complot mondial et que tout serait décidé par un nombre restreint d'Illuminés, ils sont nombreux à ne plus savoir à qui faire confiance [1]. Beaucoup doutent. Parfois à tort. Parfois à juste titre. Les affaires de corruption touchant nos responsables politiques n'arrêtent pas de faire la une des journaux. Au nom de la transparence, certains hommes politiques s'engagent et font des promesses qu'ils ne peuvent pas tenir. Il est même arrivé que des données scientifiques aient été falsifiées pour publier des résultats spectaculaires [2]... Comment espérer créer un climat de confiance dans un tel contexte ?

La confiance est ce qui, par définition, est censé atténuer nos inquiétudes au sujet de ce que les autres peuvent nous faire. De ce point de vue, beaucoup reconnaissent que la confiance devrait nous permettre d'échapper à la peur qui, elle, ne peut que nous paralyser et nous empêcher de vivre en société. Les sentiments corporels de peur et de confiance, en effet, sont « antinomiques » [3]. C'est pourquoi la confiance peut abolir la peur. Mais la peur, elle, peut aussi, à son tour, détruire à n'importe quel moment la confiance. Pourquoi, cependant, la peur et l'esprit du complot resurgissent dans nos sociétés, des sociétés objectivement plus « sûres » si on les compare à

1. Pierre-André Taguieff, *La Foire aux Illuminés*, Paris, Mille et une nuits, 2005.

2. Voir Niklas Luhmann, « Confiance et familiarité. Problèmes et alternatives », *in* Albert Ogien, Louis Quéré (dir.), *Les Moments de la confiance*, Paris, Economica, 2006, p. 10.

3. Maxime Sheets-Johnstone, « Sur la nature de la confiance », *in* Albert Ogien, Louis Quéré (dir.), *Les Moments de la confiance*, *op. cit.*, p. 37.

celles du passé et aux menaces que connaissent encore aujourd'hui les pays les moins développés[1] ?

Une passion nommée peur

Lorsque, vers la fin du Ier millénaire, on annonça la fin du monde, l'Occident commença à en guetter chaque signe. Les gens avaient peur et tout leur paraissait suspect : le passage d'une comète, une éclipse de soleil, une épidémie… L'ignorance et les superstitions nourrissaient la panique collective. Et cette dernière alimentait la suspicion et la haine[2]. Les sentiments de crainte inspirés par certaines représentations religieuses issues de l'Ancien Testament poussaient à la recherche de boucs émissaires afin de mettre fin aux dangers et d'éloigner la colère divine. On accusait des femmes d'être des sorcières et on les brûlait pour avoir passé un pacte avec le Diable. On faisait la chasse aux hérétiques, aux juifs, aux lépreux. On marginalisait et mettait à l'écart de la société tous ceux qui pouvaient renvoyer à la difformité ou à la déviance. Comme si l'époque médiévale ne pouvait s'empêcher de projeter sur les personnes les plus marginales ses craintes apocalyptiques. Ce n'est pas un hasard si l'image par excellence du désordre et

1. Jean Delumeau, *La Peur en Occident*, Paris, Le Livre de Poche, 1978.
2. « Les imaginations médiévales de l'Enfer nous donnent une idée de l'intensité de cette peur de l'homme devant l'homme dans une telle société » (Norbert Elias, *La Dynamique de l'Occident* [1939], Paris, Pocket, 2003, p. 196).

de la panique a longtemps été celle de la peste. Dès son arrivée, on consignait les gens à l'intérieur de leurs maisons et de leur ville, avec interdiction d'en sortir. Les rues désertes n'étaient parcourues que par les fossoyeurs, ceux qu'on appelait alors les « corbeaux » à cause de leur masque sinistre, souvent des forçats libérés pour charrier les monceaux de cadavres vers les fosses communes. Lorsqu'une épidémie de peste se déclarait, la peur panique de la contagion poussait des enfants à abandonner leurs parents mourants, des parents à jeter à la rue leurs enfants. Dans une situation aussi exceptionnelle, il n'y avait plus de place que pour les sentiments extrêmes, « la lâcheté [...], l'héroïsme...[1] ».

La peur de l'apocalypse, du désordre et de la contagion n'est toutefois pas une particularité du Moyen Âge. À chaque époque, certes de façon différente, les individus craignent l'éclatement de l'ordre social et ont recours à des règles strictes pour éloigner de la société tout ce qui peut déranger l'uniformité, l'identité, la norme. Ce qui explique pourquoi, avec le « lépreux » et le « pestiféré », les deux figures qui ont souvent catalysé les peurs collectives ont été celles du « fou » et du « criminel »[2]. Si la figure du fou oriente les peurs collectives

1. François Lebrun, *Se soigner autrefois*, Paris, Seuil, 1995, p. 166.

2. Sur ces questions, on ne peut que renvoyer aux œuvres de Michel Foucault. Voir en particulier : *Histoire de la folie à l'âge classique*, Paris, Gallimard, 1972 ; *Surveiller et punir. Naissance de la prison*, Paris, Gallimard, 1975. Le corps est ici vu par Foucault comme pris dans une clinique née au cœur des catastrophes collectives, épidémies et famines, ou corrélativement, comme prisonnier de situations politico-institutionnelles précises où manquait un modèle d'assistance à la hauteur des dangers encourus.

sur le plan des maladies mentales, le criminel, lui, renvoie symboliquement au mal moral. Dans un cas comme dans l'autre, cependant, la réaction de la société est la même : elle cherche à se mettre à l'abri du danger en excluant les « déviants » ; condamnés à n'être qu'*autres*, ils sont automatiquement rejetés et expulsés. Leur enfermement et leur mise à l'écart sont censés effacer les peurs collectives et sauvegarder le lien social. Comme dans le cas des épidémies de peste et de lèpre, la société cherche à contenir la peur. L'éviction des « anormaux » vise à rassurer les personnes, en leur donnant à voir et à habiter un monde sous contrôle, pacifié [1]. Mais le résultat est souvent paradoxal. Plus on invoque la nécessité de normes rigides, plus on devient suspicieux vis-à-vis de tous ceux qui s'écartent de ces mêmes normes, plus on a peur et l'on cherche alors à établir des normes encore plus rigides.

C'est le cercle vicieux de la méfiance : en institutionnalisant la peur, on engendre le soupçon ; mais le soupçon ne peut que paralyser la société. Dans le but de tranquilliser la population, le pouvoir cherche des critères censés permettre aux gens de se reconnaître à l'intérieur d'un groupe fermé, où chacun se ressemble. Quand l'autre ne correspond pas à ce que l'on connaît déjà, il est rejeté. En tant que « différent », il interroge la partie la plus obscure de nous-mêmes, ce que nous ne sommes pas toujours prêts à accepter. Il entraîne un questionnement profond sur ce que nous ne voulons

1. Michel Foucault, *Les Anormaux. Cours au Collège de France (1974-1975)*, Paris, Gallimard/Seuil, 1999.

pas voir de nous. L'exclure devrait donc nous rassurer. Dans le but de permettre à la confiance de revenir. Mais on obtient un résultat inverse. Car à force de « traquer » les autres – les différents, les dangereux, les marginaux – on finit par soupçonner tout le monde, y compris soi-même. Et peu à peu on s'enferme à l'intérieur d'un univers extrêmement étroit, jusqu'à étouffer.

Tradition et soupçon

Les civilisations rurales ont souvent été caractérisées par le soupçon et l'absence de confiance mutuelle. Michael Haneke le montre de façon magistrale dans *Le Ruban blanc* (2009), en racontant l'histoire des quelques mois qui précèdent le début de la Première Guerre mondiale dans un village de l'Allemagne du Nord. Du début à la fin, le spectateur est immergé dans l'évocation d'un monde ancien, où la peur règne en souveraine. Chacun cherche à y faire face à sa façon. Mais, plus les habitants vont chercher à contrôler leur peur en se raccrochant aux règles anciennes de la morale, plus le soupçon et la méfiance vont augmenter.

Dans cette société hautement hiérarchisée, il n'y a que deux pôles d'autorité : le baron et le pasteur. La survie matérielle de chacun est liée au domaine du baron : tout le monde y travaille et accepte les injustices, tandis que le pasteur dicte les règles pour le salut de l'âme. D'étranges événements surviennent cependant à l'improviste et troublent l'ordre apparent qui règne dans le village : le médecin est victime d'un accident de cheval, une chute provoquée par un fil invisible tendu entre deux arbustes qui disparaît aussi mystérieusement qu'il est apparu ; une paysanne meurt brutalement ; le fils du baron subit des sévices ; une grange est détruite par un incendie nocturne ; l'enfant handicapé de la sage-femme est séquestré et battu… On ne saura jamais qui est le véritable coupable. Peu importe, d'ailleurs. Car le but de Hanecke n'est pas de désigner le coupable, mais de dénoncer la peur et le soupçon qui mettent à mal la possibilité même du lien social.

Le soupçon plane tout au long du film, alimenté par les craintes des paysans. Mais dans sa critique féroce de l'hypocrisie qui domine, Hanecke cherche surtout à montrer les dérives d'une société qui pense pouvoir éradiquer le mal. Le pasteur voudrait imposer à tout le monde sa propre morale. Le ruban blanc, qui donne le titre au film, est un symbole de pureté et de vertu. C'est un signe de pénitence : l'emblème d'une épreuve de rachat que le pasteur inflige à deux de ses enfants, après leur avoir assené des coups de verges, pour restaurer la confiance mutuelle. C'est pourtant la fille aînée qui, par vengeance, trucide aux ciseaux le colibri de son père. Et le doute demeure, à la fin du film, qu'elle soit à l'origine, avec les autres enfants, des événements étranges qui ébranlent la petite communauté rurale. Est-elle pour autant la vraie coupable ? Rien n'est moins sûr. *Le Ruban blanc*, en effet, est tout d'abord l'évocation des sévices qu'une société de notables puritains et rigoristes inflige à ses femmes, ses enfants, ses vassaux. Mais c'est aussi la métaphore du paraître, du faux-semblant, du mensonge. Car, si personne ne doit transgresser les interdits, tous les transgressent, mais en cachette. Et le soupçon généralisé s'installe, doublé d'une méfiance qui ne fait qu'augmenter. Comment avoir encore confiance lorsqu'on passe son temps à nier, par son attitude, ce que l'on proclame à haute voix ?

Le comportement du pasteur est un exemple emblématique de ces contradictions entre l'énonciation rigide des règles et leur transgression flagrante dans les faits. Son fils lui demande la permission de soigner un petit oiseau qu'il a sauvé. Le pasteur lui répond qu'il doit d'abord accepter l'idée de lui rendre la liberté, une fois l'oiseau guéri. Mais lorsque l'enfant lui en fait cadeau, c'est lui qui retient le petit animal en cage… Il punit ses enfants pour que la confiance réciproque revienne. Mais on ne peut lui faire aucune confiance. La fiabilité de sa parole est inexistante.

Ruse et simulation

Le premier à avoir clairement expliqué que la fiabilité humaine est un pur mythe, est Machiavel. Au cœur de ses écrits, on trouve un homme qui, mû uniquement par son propre intérêt, cherche à identifier les meilleures stratégies pour promouvoir son succès personnel. En se conformant « à la vérité effective de la chose », et non aux « imaginations » qu'on s'en fait, Machiavel entend montrer que les hommes sont des êtres de passions, prêts à trahir leurs proches dès qu'on leur en donne l'occasion. C'est pourquoi, dit-il, « quiconque veut fonder un État et lui donner des lois doit supposer d'avance les hommes méchants, et toujours prêts à montrer leur méchanceté toutes les fois qu'ils en trouveront l'occasion[1] ». Le secrétaire florentin refuse l'idée, héritée du christianisme, selon laquelle il existerait une Providence divine bienveillante. Pour Machiavel, la Fortune n'est jamais bonne. C'est une puissance aveugle. Mais elle a sur nos actions le pouvoir que notre paresse et notre démission lui concèdent[2]. C'est pourquoi s'abandonner complètement à elle signifie renoncer à la liberté, à l'énergie et à l'excellence humaine. Si je veux être en mesure de vaincre cette puissance du hasard, il faut que j'apprenne à ne compter que sur ce qui dépend de moi et à ne jamais avoir confiance dans les autres.

Machiavel est peut-être le premier à consacrer la civilisation de la méfiance. Mais il vise surtout à montrer le chemin à suivre pour sortir de l'hypocrisie et le faux-semblant des sociétés traditionnelles. Déjà dans le passé, la confiance faisait défaut. C'est pourquoi Machiavel conteste la vision médiévale et chrétienne de la politique qui s'articulait autour de la distinction avancée par saint

1. Machiavel, *Discours sur la première décade de Tite-Live* (1513-1520), tr. fr. Toussaint Guiraudet, Paris, Flammarion, 1985, I, 3.

2. Machiavel, *Le Prince* (1513), tr. fr. Yves Lévy, Paris, Flammarion, 1992, chap. XXV.

Augustin entre la cité céleste et la cité terrestre. Le prince, pour les penseurs chrétiens, gouvernait ici-bas selon les règles morales et religieuses. Son but était d'ordonner la société « en vue du bien », comme disait saint Thomas. Mais ce but n'était envisageable qu'à partir d'une vision théologique de la confiance, une vision selon laquelle il n'y a que ceux qui placent leur foi en Dieu qui sont finalement dignes de confiance. Machiavel défend au contraire l'idée que politique et morale constituent deux univers – deux ordres pour employer les mots de Pascal – séparés. Pour gouverner les hommes, il ne faut pas s'interroger sur ce qui est bien ou mal d'un point de vue moral ; il faut d'abord connaître la nature humaine et comprendre, ensuite, comment la maîtriser : « Les désirs de l'homme sont insatiables : il est dans sa nature de vouloir et de pouvoir tout désirer, il n'est pas à sa portée de tout acquérir. Il en résulte pour lui un mécontentement habituel et le dégoût de ce qu'il possède ; c'est ce qui lui fait blâmer le présent, louer le passé, désirer l'avenir, et tout cela sans aucun motif raisonnable[1]. »

Face à cette complexité de la nature humaine, le prince n'a rien à attendre de la moralité. Ce qui compte ce sont les résultats afin de garder le pouvoir pour la survie de son État : « Qu'un prince, donc, fasse en sorte de vaincre et de maintenir l'État : les moyens seront toujours jugés honorables et loués d'un chacun[2]. » Le

1. Machiavel, *Discours sur la première décade de Tite-Live, op. cit.*, II, avant-propos.
2. Machiavel, *Le Prince, op. cit.*, chap. XVIII, p. 143.

prince doit être capable de s'adapter aux différentes situations auxquelles il va être confronté, tout en connaissant les traits immuables de la nature humaine. Même si certaines conditions changent, il existe une nature humaine invariable : les hommes sont simulateurs et ingrats. Même des conduites apparemment honorables cachent toujours des passions qui ne le sont pas, comme l'envie, la jalousie, l'orgueil, la recherche de la gloire. C'est pourquoi il vaut mieux, pour un prince, être craint qu'être aimé :

> Des hommes, en effet, on peut dire généralement ceci : qu'ils sont ingrats, changeants, simulateurs et dissimulateurs, ennemis des dangers, avides de gain ; et tant que tu leur fais du bien, ils sont tout à toi, t'offrent leur sang, leurs biens, leur vie, leurs enfants, quand le besoin est lointain ; mais quand il s'approche de toi, ils se dérobent. Et le prince qui s'est entièrement reposé sur leurs paroles, se trouvant dénué d'autres préparatifs, succombe [...]. L'amour est maintenu par un lien d'obligation qui, parce que les hommes sont méchants, est rompu par toute occasion de profit particulier ; mais la crainte est maintenue par une peur du châtiment qui ne t'abandonne jamais [1].

Le prince ne doit jamais faire confiance aux autres. Sa vertu ne consiste pas à préférer l'intérêt commun au sien propre, mais à s'imposer aux hommes par sa ruse et son courage. Être lion et renard, selon la fameuse formule. Dans son étude sur Machiavel, Fichte

1. Machiavel, *Le Prince*, *op. cit.*, chap. XVII, p. 138.

l'explique remarquablement. Le piège, pour un homme politique, est de croire en l'honnêteté et la fidélité des hommes. La confiance n'est qu'un leurre dangereux dès lors qu'on cherche à gouverner les hommes : « "J'ai cru à l'humanité, j'ai cru à la fidélité et à l'honnêteté." Cela, le particulier peut le dire ; si ainsi il va à sa perte, c'est sa perte qu'il cause ; mais un prince ne peut le dire, car lui ne se perd pas personnellement, et ce n'est pas seul qu'il va à l'échec. Qu'il croie à l'humanité, s'il le veut, dans ses affaires privées : s'il se trompe, le dommage est pour lui ; mais qu'il n'expose pas la nation en se fiant à une telle croyance[1]. » Au fond, Machiavel décrit avec lucidité ce qui deviendra l'un des leitmotive des moralistes français du XVIIe siècle (Charron, La Rochefoucauld, La Bruyère) et des économistes anglais du XVIIIe siècle (Mandeville, Adam Smith).

Le réalisme de Machiavel conduit à une forme de pragmatisme utilitariste. Mais dès lors que la seule attitude sage vis-à-vis des autres est la vigilance, quand ce n'est pas la méfiance, peut-on encore choisir de faire confiance à quelqu'un ? Que devient la confiance dans un monde où l'individu s'affranchit à la fois de la tradition et de l'autorité religieuse ? N'ayant plus comme repère l'ordre divin et naturel, c'est-à-dire les lois extérieures (l'hétéronomie), l'individu moderne se focalise sur lui-même à la recherche de ses propres normes (l'autonomie). Il tente de bâtir son histoire à partir de

1. Johann G. Fichte, *Machiavel et autres écrits philosophiques et politiques de 1806 et 1807*, Paris, Payot, 1981, p. 62.

ses désirs et de ses envies. Il a besoin de s'écouter davantage et d'avoir confiance en lui. Désormais, c'est cette confiance qui va primer. Le monde devient un champ de bataille où chacun lutte pour trouver sa propre voie, en trahissant les autres si besoin est. Ce qui compte est la possibilité, pour chacun, de devenir « maître de son destin ». Mais quels bénéfices en tirons-nous réellement ?

Le mythe de la transparence

Chaque individu a désormais la possibilité, au moins en théorie, de bâtir son existence comme il le souhaite. Aujourd'hui, « le secret, et donc la dissimulation et la méfiance, ne sont plus l'essence de la vie et de la prudence[1] ». Progressivement, la conviction s'affirme que chaque individu peut décider de façon autonome de sa vie et prendre ainsi les décisions qui lui conviennent le mieux. Le champ des possibles s'élargit. Je ne suis plus obligé de me conformer aux attentes de mon milieu d'appartenance, de ma profession ou de ma religion, et je peux choisir quel genre de vie je veux mener. Le soupçon laisse place à la confiance.

Au fur et à mesure que la possibilité de choisir augmente, cependant, les risques augmentent aussi. Si personne ne choisit plus à ma place avec qui je dois me marier, l'élargissement de ma liberté de choix multiplie

1. Niklas Luhmann, « Confiance et familiarité. Problèmes et alternatives », *op. cit.*, p. 12.

l'angoisse de faire le *bon choix*. Suis-je sûre que celui avec qui je me marie ne va pas trahir ma confiance ? Il en va de même dans tous les autres aspects de la vie sociale. Dans le domaine de la santé, par exemple. Si la plupart des personnes ont confiance dans les progrès scientifiques et médicaux, chacun doit désormais décider, dans des situations spécifiques, s'il doit suivre ou non les prescriptions de son médecin. Faut-il aller ou pas se faire vacciner contre une grippe ? Puis-je faire confiance à des experts qui travaillent en même temps pour les firmes pharmaceutiques qui produisent les vaccins ? Mais le véritable paradoxe concernant la place de la confiance dans nos sociétés contemporaines se retrouve au niveau politique. Plus on cherche à rendre « transparente » la gestion de la *chose publique*, plus on suscite soupçon et méfiance. C'est le paradoxe de la transparence !

Cette notion fait son apparition à partir des années 1990. C'est alors qu'on commence à affirmer qu'il faut que les citoyens puissent être au courant de ce qui se passe au sommet de l'État. C'est la période, en France, des scandales liés au financement des partis et, en Italie, des enquêtes des juges contre la corruption (*mani pulite*). Les hommes politiques traditionnels ont mauvaise presse, car les gens se méfient d'eux. On les juge trop distants, trop secrets. Le politique, affaibli, choisit alors la voie de la proximité. Il veut se présenter comme un « homme banal ». Les affiches de campagne montrent des candidats entourés de leurs proches. Les journalistes et les animateurs de télévision s'emploient à faire apparaître l'« homme » ou la « femme » qui se cache derrière l'homme d'État. Mais c'est surtout au niveau des discours que la transparence semble jouer un rôle majeur : les responsables politiques cherchent à reconquérir les électeurs en proclamant haut et fort la vérité de leurs propos. C'est par une communication publicitaire, qui se prétend « transparente », qu'ils visent à redonner confiance aux électeurs. Ceux-ci veulent désormais « qu'on ne leur mente plus ». Y a-t-il, cependant, toujours « une » vérité à dévoiler ? Le secret s'oppose-t-il, en tant que tel, à la vérité ?

Étymologiquement, le terme « secret » renvoie aux notions de *distinction* et de *séparation* et, de façon plus générale, à tout ce qui est *mis à distance :* une mise à distance qui peut concerner un seul individu, ou plusieurs personnes ; qui peut avoir comme contenu quelque chose d'éphémère ou de fondamental. Dans le cas du secret intime, par exemple, c'est la mise à distance des autres qui permet à quelqu'un de garder une sphère privée et de se protéger de l'indiscrétion d'autrui. Le secret devient ainsi ce que chaque individu possède en propre ; ce qu'il a de plus personnel et de plus intime ; ce qui lui permet d'empêcher les autres de pénétrer dans son monde intérieur et de ne pas être à la merci de l'indiscrétion généralisée. C'est pourquoi même un philosophe comme Kant – qui fait de la véracité un devoir de chaque être humain – reconnaît que tout homme a ses secrets et qu'il ne doit pas les confier aveuglément à autrui, « en partie à cause de la manière de penser dénuée de noblesse de la plupart, qui en feront un usage qui lui sera nuisible, et en partie à cause du manque d'intelligence de beaucoup dans l'appréciation et dans la distinction de ce qui peut ou non se répéter, ou de l'indiscrétion[1] ». Entre le « tout dire » et le « rien dire » il y a des degrés qui dépendent de chaque individu. La véracité ne coïncide pas avec la franchise, de même que la réserve ne coïncide pas avec le mensonge : « Entre la véracité et le mensonge, écrit encore Kant, il n'y a pas de milieu, tandis qu'il en existe un entre la franchise qui consiste à tout dire et la réserve qui consiste à ne pas dire en exprimant *toute la vérité*, bien que l'on ne dise rien qui ne soit pas vrai[2]. » De ce point de vue, être capable de garder des secrets représente, pour chacun, une forme de protection qui permet, d'une part, de ne pas devenir « transparent » au regard des autres et, d'autre part, de construire des relations de confiance avec ses proches. Confier un secret à un autre est d'ailleurs un gage d'amitié, un signe de confiance qu'on réserve à quelqu'un de « spécial », à quelqu'un qu'on choisit.

Comment comprendre alors ce besoin contemporain de transparence ? Pourquoi cette apologie du « tout dire » ? Si l'on s'en tient au sens commun, est transparent ce qui « laisse passer la lumière et paraître les objets placés derrière lui ». Ce qui veut dire qu'un objet, pour être transparent, doit permettre de voir ce

---

1. Emmanuel Kant, *Métaphysique des mœurs. Doctrine de la vertu*, Paris, Vrin, 1985, I, IIe partie, sec. II, § 47, p. 150.
2. *Ibid.*, I, Ire partie, sec. II, § 9, p. 107.

qui est au-delà de lui. La transparence s'oppose ainsi non seulement à l'opacité, c'est-à-dire à ce qui se tient dans l'ombre et ne laisse pas filtrer la lumière en dissimulant les formes des objets qu'elle éclaire, mais aussi à l'« être » de l'objet, à sa présence solide. En fait, la transparence met en œuvre une relation complexe entre le sujet et l'objet. En prétendant donner une connaissance immédiate de l'objet, elle empêche quelqu'un de s'en faire une idée précise. Un objet transparent se laisse traverser par le regard et devient, pour ainsi dire, un « lieu de passage ». Apparemment, la transparence rend possible une vision panoptique de l'objet ; en réalité, elle l'efface en tant qu'objet. Lorsqu'un objet devient transparent, en effet, il échappe au regard. L'expérience architecturale en témoigne, comme le rappelle le cinéaste russe Sergueï Eisenstein. En 1926, celui-ci envisage de tourner un film intitulé *La Maison de verre.* Il décide d'aller à Berlin pour les repérages et visite l'hôtel Hessler qui est entièrement transparent. Mais, comme il le raconte lui-même, au bout de quelques jours, il renonce à son projet. Il comprend l'impossibilité de tourner dans un tel lieu tout en verre : la transparence de la construction est, en fait, un obstacle insurmontable. La limpidité du cristal supprime toute ombre et toute opacité. L'absence d'ombre et d'opacité empêche les objets d'avoir de la consistance. La transparence gomme ainsi le réel et ses limites, créant une véritable confusion entre l'espace du dehors et celui du dedans. C'est ce même paradoxe qui se réalise dans le passage d'une architecture en pierre à une architecture en verre et en fer, au début du XXe siècle[1]. Le but du projet était de donner aux espaces internes des édifices une plus grande visibilité, afin d'en finir avec le « contraste » comme moyen essentiel d'organisation de l'espace. Mais le verre actualise toute l'ambivalence de la transparence : intérieur et extérieur, vivant et figé, fragile et beau, le verre contracte et diffracte le temps, « au profit d'un espace-temps qui déstabilise la vision et engendre la folie du voir d'un "stade du miroir" permanent[2] ». La visibilité absolue et l'exposition sans aucun filtre sont vouées à l'échec. Vouloir nier l'opacité du réel, en effet, signifie non seulement gommer toute barrière entre les choses, mais aussi effacer les choses elles-mêmes : l'inflation du visible, rendue possible par la mise en scène à la fois de l'espace du dehors et de l'espace du dedans, supprime paradoxalement l'espace. Si tout est « à voir », que reste-t-il à imaginer ? Comment le regard peut-il avoir « prise » sur quelque chose ?

Les conséquences les plus dommageables de cette transparence se retrouvent surtout en politique. Car la

---

1. Le premier bâtiment emblématique de cette transformation est le Crystal Palace édifié à l'occasion de l'Exposition universelle de Londres, en 1851.

2. Christine Buci-Glucksmann, *La Folie du voir. Une esthétique du virtuel*, Paris, Galilée, 2002, p. 235. Voir aussi Marc Perelman, « D'avantage de lumière ! », *in* P. Dubus, *Transparences*, Paris, Éditions de la Passion, 1999, p. 125 : « Toutes les utopies de l'architecture de verre, et concomitamment de la société transparente, ont été gonflées par les rêves majeurs de l'illumination, de la perception totale des choses, de la profondeur sans fin. »

transparence du discours politique, au lieu de créer un climat de confiance, nourrit paradoxalement le soupçon. À force de vouloir « tout dire », on finit par égarer les autres. On oublie qu'il existe une différence entre « vérité » et « transparence ». Parler « vrai » ne signifie pas « tout » dire. Au contraire. Pour ne pas courir le risque du démenti, il faut parfois cacher quelque chose. Souvent, le discours philosophique érige la véracité en principe moral, obligation ou vertu. C'est ainsi qu'Aristote décrit le mensonge comme étant « méprisable en soi et coupable » et que Kant affirme que « dire la vérité » est un devoir. On connaît pourtant la célèbre controverse qui oppose sur ce point Kant à Benjamin Constant[1]. Au philosophe allemand qui maintient que le mensonge est contraire au devoir de l'homme envers lui-même, Constant rétorque que si le devoir de vérité était pris au sens strict, comme un devoir absolu, il rendrait toute société humaine impossible. Pour Constant, en effet, il y a des cas où le devoir commande de mentir, par humanité, par politesse, pour éviter un plus grand mal. Par exemple, dois-je sacrifier la vie d'un ami si, pour le sauver, il suffit de mentir à l'assassin qui demande où il est caché ? Dans un cas de ce type, il est clair que le devoir nous impose de mentir pour sauver une vie. Par conséquent, dire la vérité ne peut être un devoir moral absolu. Mais si la position rigoriste de Kant soulève des problèmes évidents, il faut aussi

1. Benjamin Constant, *Des réactions politiques* (1796), in *De la force du gouvernement actuel de la France et de la nécessité de s'y rallier*, Paris, Flammarion, 1988.

reconnaître le coup de génie du philosophe allemand lorsque celui-ci explique la différence fondamentale qui existe entre *vérité* et *franchise :* si l'homme ne doit pas mentir, il peut aussi ne rien dire. La réserve est parfois préférable à la franchise, surtout lorsqu'on prétend affirmer comme une vérité quelque chose que l'on ne maîtrise pas. C'est tout le paradoxe de la transparence qui s'en trouve dès lors éclairé. Sous prétexte d'être francs et proches des citoyens, trop de responsables politiques ou économiques vont jusqu'à affirmer, comme s'il s'agissait d'une vérité, ce qu'au fond ils ne savent pas (ou font semblant de ne pas savoir) eux-mêmes. Certains font alors des promesses qu'ils ne peuvent pas tenir. Comment leur faire confiance, lorsqu'ils ne font pas preuve de réserve ? N'y a-t-il pas le risque d'alimenter la logique du soupçon qui contribue à nourrir la méfiance des gens ?

De la franchise

Des exemples récents de manque de réserve – tellement poussés qu'ils paraissent caricaturaux – peuvent permettre de mieux comprendre le terrain fertile où naît et se généralise le soupçon. Deux jours après la faillite de Lehman Brothers, qui sème immédiatement un vent de panique sur les marchés financiers, Laurence Parisot exprime son entière confiance dans la solidité des établissements bancaires français, qui sont capables, nous dit-elle, d'« absorber ce choc ». Quelques semaines plus tard, les faits viennent contredire les affirmations de la « patronne des patrons ». Au point que l'État décide de mettre en place un plan de sauvetage et se voit obligé de « prêter » quelques milliards d'euros aux banques asphyxiées par la crise de liquidités... En janvier 2010, devant un très grand nombre de téléspectateurs, Nicolas Sarkozy répète à plusieurs reprises que le chômage va reculer dans les semaines et les mois à venir. Quelques semaines plus tard, les chiffres officiels tombent : non seulement le chômage n'a pas reculé, mais il a augmenté par rapport à décembre 2009 (+ 07 %, soit 19 500 chômeurs de plus)... Au nom de la transparence, on multiplie les déclarations censées rassurer la population, même lorsque le bon sens demanderait un minimum de réserve. Faut-il alors s'étonner que les sondages d'opinion montrent que les Français n'ont plus confiance dans le pouvoir politique ?

Ce genre de fausse franchise contribue à engendrer la méfiance. Chaque fois qu'il s'engage sur des événements qu'il ne contrôle pas, le pouvoir (économique, politique ou encore médiatique) prend le risque d'accroître la méfiance des citoyens. Au point de pousser certaines personnes à douter de toute information et à tomber dans une attitude de rejet vis-à-vis du système. Jusqu'à l'absurde, comme c'est le cas lorsqu'on pense aux théories du complot qui fascinent un grand nombre de personnes. Un discours officiel qui ne prend pas en compte la possibilité de l'erreur, du risque ou de l'imprévu, ouvre, malgré soi, la porte au soupçon. Au lieu de rassurer les citoyens, il sème le désordre et le doute.

C'est tout le problème de ce qu'on appelle aujourd'hui le volontarisme politique (« Quand on veut, on peut »), expression tellement ambiguë qu'elle mérite qu'on s'y arrête. Lorsqu'on vante les bienfaits du volontarisme, en l'opposant à l'immobilisme traditionnel, on oublie souvent la différence qui existe entre le niveau du discours et celui du réel. Je peux vouloir que les choses changent et le proclamer haut et fort ; je peux même tout mettre en œuvre pour que la réalité évolue. Mais je ne peux en aucun cas être sûr que les choses vont changer parce que je le désire et que je l'affirme. Le risque est grand, aujourd'hui, de « prendre ses désirs pour des réalités », là où le propre de la réalité est de s'opposer au désir, de résister au vouloir et, souvent, d'échapper à tout contrôle. Quand un responsable politique déclare qu'il va tout faire pour que la crise économique s'estompe, par exemple, ses efforts sont tout à fait louables : c'est ce qu'on attend de lui. Mais quand il affirme que la crise va s'arrêter, il déclare quelque chose qui ne dépend pas complètement de lui. Ce faisant, il satisfait en apparence les attentes des gens, il pense qu'ils vont s'en contenter. Mais comme il promet quelque chose qu'il n'est pas en mesure de garantir, le risque est grand que ses électeurs soient déçus. Une plus grande réserve lui éviterait, par la suite, de devoir mentir ou de devoir admettre ses erreurs. Ce qui ne peut avoir que des conséquences négatives en termes de crédibilité. Mais il semble que les conseillers en communication ne partagent pas cette évidence.

La situation politique actuelle en France, avec une

baisse de popularité du gouvernement au pouvoir, est un exemple symptomatique de cette crise de crédibilité. Un terrible pas en arrière qui conduit beaucoup de personnes à céder au doute systématique, si éloigné du fameux doute cartésien, condition nécessaire et fondement de toute vérité…

Le doute systématique

Lorsque Descartes commence à s'interroger sur la validité des connaissances acquises, il conteste le mode de transmission dogmatique du savoir. « À cette fin, écrit-il dans les *Méditations métaphysiques*, je dois abandonner les croyances des choses qui ne sont pas entièrement certaines et indubitables aussi prudemment que celles qui sont entièrement fausses. » C'est là qu'intervient son célèbre doute : un doute hyperbolique et méthodique qui doit lui permettre d'arriver *in fine* à distinguer le vrai du faux.

Le doute est une façon, pour Descartes, de se débarrasser des vieux préjugés. Mais son but n'est pas de nier toute forme de connaissance. Au contraire, le doute est, pour lui, le seul moyen d'accéder à une vérité indubitable. C'est pourquoi, à la différence des sceptiques, Descartes ne doute pas pour douter. Il s'inscrit dans la droite ligne de la tradition philosophique classique qui, à partir de Platon, vise à exclure de la connaissance les croyances acquises par témoignage, c'est-à-dire par le biais d'autrui. À la différence d'un Thomas Reid, qui considère que la tendance à se fier à ses interlocuteurs est un penchant naturel en aucun cas condamnable[1], le philosophe français dénonce la confiance dans les témoignages qu'il associe à la crédulité. Mais c'est une chose de dénoncer la crédulité, c'en est une autre de ne jamais cesser de douter, comme le font les sceptiques. Ces derniers ont tendance à réviser et à relativiser constamment leurs certitudes ; ils ne cherchent pas à réfléchir aux principes, aux causes et aux effets des choses ; ils préfèrent cautionner les égarements de la raison humaine. Pour Descartes, en revanche, le doute n'est pas une fin en soi. Il est toujours au service de la connaissance. C'est ainsi que, dans la quatrième partie du *Discours de la méthode*, en reprenant les arguments principaux des *Méditations*, le philosophe français explique que le doute ne peut que déboucher sur la certitude : puisque je doute, je suis certain qu'il y a quelque chose qui doute ; donc, je suis une chose pensante. Ce qui arrête le doute, c'est la rencontre avec le « je qui doute », contre lequel aucun doute ne peut plus se retourner.

Aujourd'hui, quatre siècles après Descartes, le doute se radicalise. La tendance sceptique l'emporte, avec comme corollaire un manque total de confiance non seulement vis-à-vis du discours politique, mais aussi à l'égard de la parole des scientifiques et plus généralement des experts. Le doute poussé à l'extrême finit par sacraliser ce qu'il croit combattre, et se transforme, peu

1. Thomas Reid, *Recherches sur l'entendement humain d'après les principes du sens commun* (1764), in *Œuvres complètes*, Paris, 1828, IV, 24.

à peu, en un symétrique inversé de la certitude. On en arrive même à la caricature. Au point qu'aujourd'hui, certaines personnes seraient prêtes à affirmer que la crise économique de 2008 a été déclenchée par les grandes banques américaines afin d'éponger leurs dettes, que la grippe H1N1 de 2009 est une création de certains laboratoires pharmaceutiques et que les attentats du 11 septembre 2001 n'ont jamais eu lieu… Le passage du doute systématique aux théories du complot se fait insidieusement. Mais lorsqu'on finit par se persuader que les faits n'existent pas, la confiance vacille : non seulement on doute de la parole d'autrui, mais on risque aussi de ne plus croire à l'existence d'un « monde réel ».

Certes, quelques faits ont pu alimenter cette idéologie du soupçon. Il suffit de penser à l'affaire célèbre du Watergate aux États-Unis. Malgré les évidences et les preuves rapportées par le *Washington Post*, le président Nixon n'a cessé de nier la réalité jusqu'au moment où, son mensonge ayant été démasqué, il a été obligé de démissionner. On pourrait multiplier ces exemples de grands mensonges d'État (depuis l'assassinat du président Lumumba jusqu'à l'intervention américaine en Irak sous le faux prétexte d'hypothétiques armes de « destruction massive ») qui ont fortement ébranlé les consciences critiques occidentales. Il existe pourtant une différence essentielle entre une attitude de crédulité – qui consiste à croire, par exemple, que le nuage de Tchernobyl s'est arrêté à la frontière française uniquement parce qu'un représentant de l'Autorité de sûreté nucléaire l'a affirmé – et une paranoïa conspirationniste qui, postulant qu'un petit groupe malfaisant tire les ficelles en coulisse, ne peut qu'engendrer la méfiance généralisée.

Pour ne pas tomber dans le piège de la crédulité, il faut être circonspect et prudent. Mais douter de tout n'est une solution qu'en apparence. Le « remède » est pire que le mal. Car à force d'être suspicieux à l'égard de tout le monde, on finit par se méfier de soi-même. C'est pourquoi, même un philosophe comme Karl Popper, qui adopte le « critère de falsification » pour évaluer les théories scientifiques, ne remet pas en cause l'importance de la *confiance épistémique*, c'est-à-dire de la confiance que l'on doit avoir dans la connaissance scientifique[1]. Pour Popper, aucune théorie n'est suffisamment rigoureuse pour éviter de se soumettre à son critère de falsification : « Quand vous déclarez "tous les cygnes sont blancs" dit-il, vous induisez une conclusion qui ne prouve nullement votre théorie. La science devrait plutôt réfuter les théories et rechercher le cygne noir. » En même temps, les êtres humains restent capables, aux yeux du philosophe, d'évaluer la pertinence des différentes théories et de les classer en fonction de leur degré d'approximation plus ou moins grand par rapport à la vérité. Pour Popper, dans le domaine de la connaissance scientifique, il est évident qu'aujourd'hui nous en savons plus qu'hier sur la réalité.

1. Karl Popper, *La Logique de la découverte scientifique* (1934), Paris, Payot, 2007; *Conjectures et réfutations: la croissance du savoir scientifique* (1953), Paris, Payot, 2006.

En cela son analyse n'est pas loin de celle d'Hannah Arendt, lorsqu'elle critique l'utilisation des mensonges en politique. Analysant certains documents du Pentagone concernant la guerre du Vietnam, Arendt est frappée par l'habileté de la propagande et remarque que la politique contemporaine repose de plus en plus sur l'art de faire croire au public des histoires qui, tout en étant crédibles, n'ont plus grand-chose à voir avec la réalité. Mais elle souligne aussi que cette politique fourbe est à courte vue car elle ne peut déconstruire complètement le réel. À un moment ou à un autre « la réalité, qui n'a pas d'équivalent, vient confondre le menteur[1] ». Même dans un domaine où le souci de la vérité n'a pas la même valeur que dans celui de la connaissance, on ne peut mentir impunément. La réalité finit toujours par réapparaître et s'imposer. Je peux tromper tout le temps une personne ; je peux tromper tout le monde une seule fois ; mais je ne peux tromper tout le monde tout le temps… Confiance oblige !

Trust *et défiance*

Dans son *Projet de paix perpétuelle*, Kant explique que la destruction de la confiance entraîne l'impossibilité d'établir une relation avec autrui. Selon lui il n'est pas

1. Hannah Arendt, « Du mensonge en politique », in *Du mensonge à la violence*, Paris, Pocket, 2007, p. 11.

possible de construire la paix, après une guerre, si l'une des parties n'a pas respecté un certain nombre de règles et qu'elle ne s'est pas montrée *digne de confiance.* Si une nation a par exemple utilisé des assassins ou des espions, il devient extrêmement difficile ensuite de signer avec elle un accord de paix, car la confiance qu'on pouvait avoir en elle est détruite par son mépris, au cours de la guerre, de toute règle[1]. Kant démontre ainsi qu'il existe un équilibre délicat entre le respect des règles et la possibilité de faire confiance à autrui. Lorsque les règles ne sont pas respectées, la méfiance s'installe et rend impossible le vivre-ensemble et la paix.

L'hypocrisie et le mensonge font partie de ces comportements des demi-habiles qui se révèlent finalement préjudiciables, car ils détruisent la confiance sur laquelle repose la société. Comme l'avait déjà remarqué Montaigne, manquer systématiquement à la parole donnée signifie se mettre en danger : « Notre intelligence se conduisant par la seule voie de la parole, celui qui la fausse, trahit la société publique[2]. » C'est par la parole que chacun de nous peut communiquer ses pensées et ses volontés ; c'est par la promesse qu'on s'engage vis-à-vis des autres. C'est pourquoi ne pas tenir sa parole entraîne la dissolution progressive du lien social et politique.

---

1. « Aucun État en guerre avec un autre ne doit se permettre des actes d'hostilité de nature à rendre impossible la confiance réciproque dans la paix future, par exemple : l'emploi d'assassins, d'empoisonneurs, la violation d'une capitulation, la provocation à la trahison dans l'État auquel on fait la guerre » (Emmanuel Kant, *Pour la paix perpétuelle* [1795], Lyon, Presses universitaires de Lyon, 1985, I, 6, p. 53).
2. Montaigne, *Essais,* Paris, éd. Villey, PUF, 1999, II, 18.

Comment un gouvernement peut-il exercer légitimement son pouvoir si le peuple n'a plus confiance en lui ?

C'est avec John Locke que la notion de confiance (*trust*) s'affirme pour la première fois de manière aussi explicite en politique : le peuple fait confiance au gouvernement en vue de certaines fins, mais il peut aussi la lui retirer s'il considère qu'il n'a pas été gouverné comme il l'entend. Pour le philosophe anglais, c'est sur un rapport de confiance mutuelle entre l'autorité et le peuple que repose la société civile : le lien entre le gouvernement et le peuple est de nature fiduciaire. Locke fait ici une exploitation nouvelle de la notion de *trust* qui, utilisée en Angleterre à l'occasion des révolutions du XVIIe siècle, renvoie directement à la conception du pouvoir politique telle qu'elle était apparue au XIIIe siècle. Déjà après la *Magna Carta*, les *Provisions d'Oxford*, une charte imposée en 1258 au roi Henri III par les barons anglais, avançaient l'idée d'obliger le prince à remplir les missions qu'on lui avait confiées. Mais c'est au XVIIe siècle, sous la plume de certains adversaires de la dynastie des Stuarts, que le concept de *trust* commence réellement à remplacer celui de contrat. Le *trust* n'est pas le fondement de l'État, mais un mode d'exercice du pouvoir qui se fonde sur l'existence d'une série d'obligations : les obligations du peuple, *celui qui fait confiance*, vis-à-vis du souverain, en même temps que les obligations du souverain, *celui à qui on fait confiance*, vis-à-vis du peuple.

Il faudra toutefois attendre Locke pour que le *trust* devienne l'incarnation même du droit de chaque individu de résister au pouvoir injuste. Dans son *Traité du gouvernement civil*, publié en 1690, le philosophe anglais transforme en effet la doctrine de la liberté naturelle en théorie de la résistance politique : il place le pouvoir politique directement dans les mains des individus. L'institution du pouvoir, pour lui, n'est pas le résultat d'un contrat social tel qu'il sera, par la suite, conceptualisé par Rousseau. Le gouvernement ne repose donc pas sur l'idée de la volonté souveraine, mais plutôt sur ce qu'on pourrait aujourd'hui appeler « les missions de service public ». Ce qui permet le cas échéant au peuple de se révolter si le pouvoir n'est pas exercé conformément à ses attentes, dans le respect de ses droits inaliénables[1]. Locke pose ainsi les premiers jalons des institutions libérales contemporaines.

> La souveraineté n'existe que d'une manière limitée et relative – écrit Benjamin Constant. Au point où commence l'indépendance de l'existence individuelle, s'arrête la juridiction de cette souveraineté. Si la société franchit cette ligne, elle se rend aussi coupable que le despote [...]. Rousseau a méconnu cette vérité et son erreur a fait de son *Contrat social*, si souvent invoqué en faveur de la liberté, le plus terrible auxiliaire de tous les genres de despotisme [...]. Lorsque la souveraineté n'est

1. « Le peuple se réserve toujours le pouvoir souverain d'abolir le gouvernement ou de le changer, lorsqu'il voit que les conducteurs, en qui il avait mis tant de confiance, agissent d'une manière contraire à la fin pour laquelle ils avaient été revêtus d'autorité » (John Locke, *Traité du gouvernement civil* [1690], Paris, Garnier-Flammarion, 1984, chap. XII, § 149).

pas limitée, il n'y a nul moyen de mettre les individus à l'abri des gouvernements[1].

Pour Locke, le pouvoir ne peut s'exercer au détriment des droits naturels des individus. Le peuple ne renonce donc jamais au gouvernement de lui-même. Il ne peut obéir à n'importe quel prix. Même si ce qui est en jeu est la paix civile.

Né de la confiance du peuple, le pouvoir n'a vocation à légiférer qu'au nom du peuple, et pour lui. Seul le peuple a le droit de juger si le gouvernement a été digne de la confiance qu'il lui a faite et s'il n'a pas abusé de son pouvoir. Ayant fait confiance au souverain et lui ayant remis son autorité, le peuple doit toujours avoir la possibilité de reprendre le pouvoir qu'il lui a conféré[2].

Mais à partir du moment où l'on conçoit la confiance comme le fondement du gouvernement et où l'on considère qu'elle peut être retirée lorsque le pouvoir trahit sa mission et qu'il viole les droits inaliénables des individus, le glissement vers la défiance se fait jour. Peu d'analystes du *trust* chez Locke s'en sont aperçus. Lorsqu'on confère à quelqu'un des pouvoirs et que l'on se réserve la possibilité de les lui retirer en cas d'abus, la confiance dont il est question est une confiance *conditionnelle.* Elle cesse dès qu'elle est trahie ; elle est tou-

1. Benjamin Constant, *Principes de politique* (1815), Paris, Hachette Littératures, 2006, chap. I.

2. John Locke, *Traité du gouvernement civil*, *op. cit.*, chap. XIX, § 240.

jours soumise au contrôle des citoyens. C'est pourquoi la méfiance des citoyens devient une garantie pour que le gouvernement se conduise correctement. C'est alors non plus de confiance mais de *défiance* qu'il s'agit, ce qui est explicitement théorisé dans *Le Fédéraliste*, et en particulier chez James Madison qui pose les bases de la Constitution américaine de 1787.

Pour les auteurs du *Fédéraliste*[1], seule la défiance des citoyens permet au gouvernement de se conduire de façon convenable. C'est la conséquence directe du réalisme politique inauguré par Machiavel, qui est en partie repris dans l'article 51 rédigé par Madison. Celui-ci explique que « si les hommes étaient des anges, il ne serait pas besoin de gouvernement et si les hommes étaient gouvernés par des anges, il ne faudrait aucun contrôle extérieur ou intérieur sur le gouvernement ». Or, Madison sait bien que les hommes ne sont pas des anges. Il faut donc trouver une solution pour les gouverner en exploitant leur propre défiance à l'égard du pouvoir. Il faut en particulier « opposer l'ambition à l'ambition ». Il faut à la fois mettre le gouvernement en état de contrôler les gouvernés et de se « contrôler lui-même ». Il reste cependant un problème fondamental dans cette architecture institutionnelle qui fait de la défiance le garde-fou de la démocratie : peut-on garantir la stabilité d'un régime sans faire appel à la confiance des citoyens ?

1. James Madison, John Jay, Alexander Hamilton, *Le Fédéraliste* (1787-1788), Paris, Economica, 1988.

Dans la société du spectacle

L'exemple de Berlusconi, en Italie, est particulièrement intéressant. Après avoir essayé de se cacher, pendant des années, derrière une image impeccable comme une photographie retouchée, Berlusconi, comme Dorian Gray, le héros d'Oscar Wilde, semble rattrapé par la réalité. Dans le roman d'O. Wilde, le jeune Dorian passe un pacte avec le Diable en pensant pouvoir vaincre le temps. Mais lorsqu'il découvre que son portrait vieillit à sa place, et qu'il porte les stigmates de ses péchés, il prend peur et cherche à le détruire. C'est tout l'objet de la polémique qui a éclaté en Italie sur la vérité et les mensonges entourant, à partir d'avril 2009, le rôle des *veline* en politique ou encore les frasques du président du Conseil avec une mineure. Au-delà de l'anecdote graveleuse, qui relève du fait divers, ce qui se joue avec Berlusconi, à la fin de 2009, est symptomatique de la crise morale d'un pays qui, pendant longtemps, a refusé (avec succès) la réalité. Cette Italie de rêve (qui n'existe pas) commence progressivement à vaciller, à mesure que le corps-masque de l'homme « parfait », qui a construit ce beau *storytelling*[1], montre ses premières failles. Berlusconi, le *winner*, l'homme le plus aimé par les Italiens, l'entrepreneur habile et capable de s'imposer par son propre charisme de *self-*

1. Christian Salmon, *Storytelling. La machine à fabriquer des histoires et à formater des esprits*, Paris, La Découverte, 2007.

made man, le leader réalisant tout ce que ses adversaires n'avaient jamais osé (ou su) faire, se retrouve confronté à son véritable portrait et ne peut que s'en détourner, dégoûté. « Je fréquenterais des adolescentes de dix-sept ans ? C'est quelque chose que je ne peux supporter », déclare-t-il d'ailleurs, effrayé, dans le quotidien *La Stampa* en mai 2009. C'est une dénégation éloquente. Désormais, on sait en Italie – même si certains continuent à vouloir se voiler la face – que Berlusconi a menti, après avoir essayé de se défendre en invoquant le droit à la protection de la vie privée ou encore l'existence d'un complot monté de toutes pièces par les médias. Au fond, Berlusconi se retrouve prisonnier d'un mécanisme qu'il a lui-même créé et qui, maintenant, est en train de l'étouffer. Mais de quoi s'agit-il exactement ?

À partir des années 1990, Berlusconi s'est imposé dans le débat public en utilisant une rhétorique antipolitique et anti-intellectuelle, destinée à le démarquer du « vieux système démocrate-chrétien ». Sous le regard éberlué d'une certaine élite, il a progressivement transformé les débats nationaux en un gigantesque talk-show en utilisant l'image, et, en particulier, sa propre image. Il s'est sciemment transformé en un objet de culte, en exposant son corps parfaitement maîtrisé selon le triptyque « sport, télévision, entreprise » qui a été le mythe de la décennie 1990. Un corps qui doit montrer, agir, étonner, susciter des émotions ; mais un corps qui n'a plus rien à dire et qui se réduit à son paraître, car c'est un corps muet : la parole n'a plus aucune valeur, sauf à renvoyer à une pensée qui ennuie et qui n'aurait, selon lui, plus de place dans une scène saturée par les icônes du succès. C'est pourquoi non seulement Berlusconi revendique ses transformations corporelles comme un droit, mais il en parle comme d'un véritable devoir : *le devoir de représenter dignement son pays.*

C'est à l'intérieur de ce spectacle triomphant – la mise en scène de l'image-icône d'un homme qui « réussit tout » – que les femmes trouvent leur place, dans un rôle de faire-valoir. Les voilà nécessairement réduites à leur tour à un corps-image, poupées parfaites et soumises qui ne peuvent que céder au « charme discret » de la perfection et du succès. Les conquêtes féminines de Berlusconi renforcent son image de *winner* et elles deviennent alors l'un de ses principaux arguments politiques : tout tourne autour de la transparence (non pas la transparence de l'agir, mais la transparence de l'être : je suis ce que je montre ; je suis mon corps impeccable entouré de superbes créatures). C'est le triomphe de la *société du spectacle* telle que Guy Debord n'aurait même pas pu l'envisager[1] : une société où l'admiration inconditionnelle pour l'« icône-Berlusconi » exprime parfaitement le désir inconscient

1. « Le spectacle est le discours ininterrompu que l'ordre présent tient sur lui-même, son monologue élogieux. C'est l'autoportrait du pouvoir à l'époque de sa gestion totalitaire des conditions d'existence. [...] Si le spectacle, pris sous l'aspect restreint des moyens de communication de masse, qui sont sa manifestation superficielle la plus écrasante, peut paraître envahir la société comme une simple instrumentation, celle-ci n'est en fait rien de neutre, mais l'instrumentation même qui convient à son auto-mouvement total » (Guy Debord, *La Société du spectacle* [1967], Paris, Gallimard, 1992, p. 25-26).

du citoyen de rêver, aux côtés du héros, en espérant devenir à son tour le personnage principal d'un même *soap opera* ! Comment s'étonner alors de la réaction du président du Conseil, de son ambiguïté et de ses mensonges, dès lors que ce monde en carton-pâte s'effrite devant des millions de spectateurs-électeurs ; dès lors que la réalité se donne à voir pour ce qu'elle est (il faut *payer* ces belles jeunes filles qui entourent notre grand homme, c'est tout le scandale des *escorts*, qui a éclaté en plein jour avec les enregistrements de Patrizia D'Addario) et que le mythe risque de s'effondrer ?

Le mensonge est alors l'arme ultime de notre Dorian-Silvio comme s'il allait permettre au spectacle de remplacer la réalité. D'où cette apologie étrange, chez Berlusconi, de la transparence. Hannah Arendt remarquait que le contraire de la vérité n'est ni l'erreur ni l'illusion, mais le mensonge. Un menteur dit « ce qui n'est pas », parce qu'il veut que les choses soient différentes de ce qu'elles sont. Son but est de changer radicalement le monde. Pour ce faire, il tire parti de cette mystérieuse capacité que nous avons tous, et qui nous permet de dire « le soleil brille » quand, dehors, il pleut des cordes[1]. Lorsque tout est image et spectacle, les mensonges font partie intégrante du scénario. Ils en sont un élément nécessaire afin que tout se tienne. Autant se le dire. Mais nous savons aussi depuis Machiavel que la politique est l'art de mentir avec

1. Hannah Arendt, « Vérité et politique » (1968), in *La Crise de la culture*, Paris, Gallimard, 1994.

habileté pour construire le consensus et garder le pouvoir. Comment concilier alors pouvoir et vérité ?

En réalité, comme nous l'avons déjà expliqué, pour que le discours politique soit sincère, il ne s'agit pas de dire toujours « toute » la vérité. Il s'agit de ne pas recourir systématiquement au mensonge et de ne pas dire « ce qui n'est pas », sans prétendre à la transparence. Mais Berlusconi a préféré jouer la carte de la transparence. Au point d'effacer toute barrière existante entre la sphère publique et la sphère privée. C'est lui qui, en faisant de son corps et de sa vie privée l'argument le plus important de sa « rhétorique de vérité », a volontairement laissé croire qu'il fallait changer la façon de faire de la politique.

En agissant ainsi, il oubliait (involontairement, espérons-le) non seulement la leçon de grands philosophes des Lumières, comme Locke, Montesquieu ou Kant, mais aussi la récente histoire italienne. C'est en effet sous le fascisme que fut détruite toute séparation entre public et privé, et c'est précisément l'effacement de cette barrière qui a été un des traits caractéristiques de l'émergence du totalitarisme. Certes, sous le fascisme, c'est la sphère publique qui a envahi la sphère privée. Sous Berlusconi, ce serait plutôt l'inverse. Avec l'aide de l'idéologie néolibérale, c'est le privé qui envahit la scène publique. Il ne s'agit pas seulement de privatisation. Mais tout va de pair. La vie privée, transformée en fiction, a pris le dessus en détournant l'attention des vrais problèmes du pays, en vidant le discours politique de toute référence aux valeurs démocratiques et à la solidarité, en se focalisant sur les questions privées... Mais, aujourd'hui – et c'est tout l'intérêt des scandales entourant le président du Conseil italien – c'est la vie privée qui rattrape paradoxalement Berlusconi. La réalité s'impose de nouveau et dévoile les illusions du grand équilibriste. Ses mensonges n'arrivent plus à cacher les défauts d'un scénario construit autour du paraître et du faux-semblant. Comment peut-on alors expliquer que les Italiens n'en tirent pas les conséquences logiques ? Peut-on interpréter le succès de Berlusconi lors des dernières élections régionales de 2010 uniquement en termes de confiance dans le pouvoir politique ?

L'importance de la vigilance

Pour le sociologue Russell Hardin, aujourd'hui, le pouvoir politique n'a plus réellement besoin de la confiance des citoyens pour gouverner. « Toute théorie soutenant que le gouvernement requiert la confiance des citoyens, écrit-il, est fausse [1]. » Pour Hardin, en effet, les gouvernants n'ont pas personnellement intérêt à être fiables. Selon sa théorie des « intérêts enchâssés », aucune relation de confiance n'est possible si le bénéficiaire de ma confiance ne conçoit pas mes intérêts

1. Russell Hardin, « Trust in Government », *in* Margaret Levi, Valerie Braithwaite (dir.), *Trust and Governance*, New York, Russell Sage, 1998.

comme étant, au moins partiellement, aussi les siens. C'est pourquoi, dans le cas d'un gouvernement, il est possible qu'il soit dans l'intérêt des gouvernants de ne pas satisfaire les attentes précises des citoyens. Plus un homme politique maintient ces attentes dans le flou, moins il risque de décevoir les citoyens et de ne plus obtenir ultérieurement leur appui (Berlusconi *docet*). Mais le raisonnement de Hardin ne s'arrête pas là. En s'appuyant sur des enquêtes empiriques, il montre les risques qu'une démocratie court dès lors que les citoyens accordent trop de confiance aux gouvernants : dans les années 1990, la confiance accordée aux dirigeants dans certains pays d'Europe de l'Est avait entraîné de lourdes conséquences en termes de liberté individuelle.

Sur ce point, la position du sociologue est proche de celle de certains philosophes libertaires, comme Robert Nozick, qui insistent sur l'importance, pour une démocratie, d'un droit des citoyens à la méfiance. Certes, le citoyen vote. Et lorsque la confiance n'est pas au rendez-vous, le vote risque de sanctionner les hommes politiques qui n'ont pas respecté, une fois élus, les promesses faites pendant leur campagne électorale. Mais les gouvernants produisent de plus en plus eux-mêmes leurs normes d'action, laissant finalement à la confiance un rôle assez mince. Les citoyens peuvent utiliser l'élection pour exprimer leur déception ou leur satisfaction générale, mais, tant qu'ils acceptent de vivre dans un pays, cela signifie qu'ils accordent, selon les libertaires, un minimum de confiance à leurs gouvernants. Pour eux, nos intérêts individuels sont mieux servis lorsque nous n'avons pas besoin de faire appel à la bienveillance de nos hommes politiques : c'est le bon fonctionnement des institutions qui doit sauvegarder nos démocraties libérales. Le rôle d'un gouvernement, nous dit Nozick, se devrait d'être « minimal » : il devrait se limiter à protéger les libertés individuelles et défendre les citoyens des menaces extérieures. La confiance n'a rien à faire dans ce système. Il suffit que l'État se limite au « rôle de protecteur contre la force, le vol et la fraude », et qu'il laisse les citoyens libres de mener la vie qu'ils souhaitent[1]. Peut-on pour autant baisser les bras face à cette idéalisation de la méfiance et au soupçon qu'elle engendre dans nos sociétés ?

---

1. Robert Nozick, *Anarchie, État et Utopie* (1974), Paris, PUF, 1988, p. IX.

CHAPITRE 4

Le faux-semblant contractuel

> L'esprit du doute, suspendu sur ma tête, venait de me verser dans les veines une goutte de poison.
>
> Alfred de Musset

Dans notre société atomisée, où ne flotte plus qu'« un agrégat diffus de feuilles volantes composées d'individus[1] », la confiance peine à trouver sa place. Chacun cherche à être indépendant de tous les autres, comme s'il n'avait besoin de personne. Ce qui entraîne un besoin obsessionnel de se protéger d'autrui en multipliant le recours aux contrats. Pour le dire autrement, notre société libérale de méfiance est une société qui donne une place démesurée au droit.

Des contrats de vente aux contrats de mariage, la tendance à formaliser toute espèce de relations aux autres, y compris quand elles n'ont *a priori* rien de

1. Ulrich Beck, « Le conflit des deux modernités et la question de la disparition des solidarités », *Lien social et politique*, 1998, n° 39, p. 18. Voir aussi *La Société du risque* (1986), Paris, Flammarion, 2004.

« marchand », se généralise. Le but est toujours le même : se rassurer et avoir la garantie que l'autre, connaissant les sanctions qu'il encourt s'il ne respecte pas les termes de l'accord, n'abusera pas de notre confiance. Mais de quelle confiance parle-t-on ? La multiplication des procès intentés par certains contre des proches, des amis, des voisins n'est-elle pas une manifestation du manque de confiance qu'exprime cette judiciarisation progressive des relations humaines ?

Contractualisation et judiciarisation

Le nombre de saisines des tribunaux s'accroît : selon la Conférence des bâtonniers de France, entre 2000 et 2004, il y a eu une augmentation de 17 % du nombre d'affaires civiles nouvelles et de plus de 21 % en matière administrative. Cela va de pair avec une augmentation régulière des avocats inscrits au barreau, ainsi qu'avec une multiplication des garanties contractuelles exigées au moment de la signature d'un contrat. Les statistiques officielles montrent que l'institution qui occupe le plus le monde judiciaire est la famille : les rapports remis au Sénat indiquent qu'en 2007, près de 70 % des contentieux des tribunaux de grande instance (TGI) sont des contentieux familiaux, alors qu'en 1994 ils étaient 56,5 %.

Nous sommes encore loin, en France, de certaines dérives américaines du droit matrimonial, telles qu'elles sont épinglées dans le film *Intolérable cruauté*. Cette comédie des frères Coen met en scène les représentants, caricaturaux et cyniques, de l'*american way of life.* George Clooney est un avocat renommé spécialisé dans les divorces, Catherine Zeta-Jones une très belle femme qui cherche à plumer ses futurs (ex)-maris. Empêchée par l'avocat de toucher une belle pension suite au flagrant délit d'adultère de son richissime mari, cette femme sans scrupule s'autorise tous les coups pour se venger. Comment sortir, sinon vainqueur, du moins indemne, d'une séparation ou d'un divorce ? Voilà la question clé que pose ce film. Mise en scène romancée d'une réalité bien plus prosaïque, la comédie montre comment, en prévoyant la fin de l'idylle amoureuse avant de s'engager, chacun cherche à choisir le meilleur contrat. En cas d'imprévu, un contrat paraît plus efficace qu'un simple serment d'amour... Mais que reste-t-il de la confiance lorsque même l'amour se contractualise ?

En règle générale, la possibilité de régler un certain nombre de problèmes par le droit est un progrès certain, notamment lorsque celui-ci évite le recours à la force ou à la violence. Quand il s'agit de trancher un litige concernant la possession d'un bien particulier, par exemple, il est préférable de faire appel aux tribunaux plutôt qu'à la loi du plus fort... Les problèmes surgissent quand on considère qu'il vaut toujours mieux recourir au droit et s'appuyer sur un contrat pour réguler des rapports sociaux. En effet, pouvons-nous réduire réellement les relations entre médecins et malades ou entre maris et femmes à des rapports régis par les clauses d'un contrat ?

Lorsque, dans une société, les rapports juridiques priment sur toute autre forme de relation, la place de la confiance se réduit à sa portion congrue. Dans le cas d'un contrat, les comportements entre les différentes parties sont garantis par un accord formel qui donne à chacun la possibilité de « faire ses comptes » : j'évalue ce que je dois ou ce qu'on me doit. Même lorsque je cherche à mesurer de façon équitable la valeur des biens ou des services échangés, je reste à l'intérieur d'une logique parfaitement *symétrique*. Les relations de confiance, en revanche, se fondent sur un présupposé différent : chacun est censé non seulement prendre en compte l'autre en tant que personne – avec ses attentes, ses fragilités, ses espoirs – mais aussi croire en certaines valeurs comme l'honnêteté, le respect de la parole donnée, l'engagement. Le processus qui consiste à évaluer, mesurer et établir des équivalences n'est donc plus linéaire : lorsque je fais confiance à quelqu'un, j'entre dans une logique *asymétrique*. J'accorde ma confiance sans jamais avoir la certitude qu'elle sera payée de retour. Je me mets dans une position de dépendance à l'endroit de l'autre. Je suis vulnérable face à autrui. C'est parce que je choisis de ne pas me méfier qu'aucun contrat ne peut me protéger d'une possible trahison.

Au contraire, c'est parce que je suis méfiant que je décide de passer par la voie contractuelle : « La confiance dans les contrats exige précisément que le déroulement de ceux-ci soit indépendant de l'examen de la question de savoir si, dans les faits, quelqu'un a fait confiance à un autre et de qui il s'agit[1]. » Certes, tout contrat nécessite un minimum de confiance. Car on peut décider de ne pas nouer une relation avec quelqu'un dont on se méfie. Mais c'est à cause d'un défaut de confiance que je préfère me protéger en ayant recours à un contrat qui prévoit et détermine à l'avance mes relations futures. D'autant que je peux faire confiance à quelqu'un sur le respect de ses engagements contractuels, tout en étant convaincu que cette même personne n'est pas, en général, digne de confiance. Il y a une différence importante entre ce que je peux attendre d'une personne en général et ce qu'en revanche, j'attends d'elle dans le cadre d'un rapport contractuel où les contraintes sont formellement spécifiées.

L'art des promesses

D'un certain point de vue, tout être humain aspire à vivre dans un monde certain et stable, dans un univers où la confiance et la bonne foi seraient à même de déterminer la conduite de ceux qui l'entourent. En général, il est préférable de pouvoir compter sur les autres, prévoir leurs comportements et d'avoir des points de repère, plutôt que de vivre dans un monde

1. Niklas Luhmann, *La Confiance*, *op. cit.*, p. 38.

sans ordre ni cohérence. Cela explique pourquoi les hommes ont progressivement décidé de formaliser un certain nombre de conduites et d'attitudes, ainsi que d'institutionnaliser les contrats. Conclure une alliance, promettre quelque chose ou signer un contrat est une façon de rendre prévisible et maîtrisable le futur : on s'appuie sur une convention afin d'obliger l'autre à faire ou à ne pas faire quelque chose. Mais la promesse peut-elle encore avoir une valeur morale, indépendamment de la signature d'un contrat ?

Le langage courant ne nous aide pas à démêler cette question. On parle de « promesse de vente » sans que cela entraîne d'engagement moral, car seule la signature d'un contrat de vente devant un notaire nous garantit face à un quelconque manquement. On parle aussi de « contrat de confiance ». Mais lorsqu'une marque en fait un argument de vente, elle utilise ces contrats uniquement pour fidéliser les consommateurs, afin de les empêcher d'aller chercher ailleurs les produits dont ils auraient besoin – il suffit de penser au célèbre « contrat de confiance » proposé aux clients par Darty qui s'engage à rembourser, sur demande écrite, la différence de prix constatée sur un même article vendu dans un autre magasin. Il s'agit donc, encore une fois, d'un simple contrat dont les clauses sont détaillées dans les moindres détails, ce qui exclut *a priori* que la confiance puisse jouer un rôle.

Analysant la structure formelle des promesses et des contrats, le philosophe David Hume prétend, pourtant, qu'honorer ses promesses représente une obligation morale. En même temps, Hume dit aussi que la règle morale qui ordonne de tenir ses promesses n'est pas « naturelle » mais « artificielle » : une promesse ne peut se comprendre tant que les conventions humaines ne l'ont pas établie[1]. L'obligation de tenir ses promesses ne correspond pas, pour le philosophe, à un sentiment ou à une passion particulière ; respecter sa parole n'a rien d'une vertu naturelle. C'est une « obligation artificielle » qui découle des conventions et des habitudes qui s'établissent à l'intérieur de toute communauté humaine, grâce aux avantages qu'elles produisent : « Ce sont les conventions des hommes qui créent un motif nouveau, quand l'expérience nous a enseigné que les affaires humaines seraient conduites beaucoup plus avantageusement pour tous, si l'on instituait certains symboles ou certains signes[2]. » À partir du moment où les individus acceptent l'usage de ces signes, toutefois, l'obligation de tenir ses promesses s'impose. Une fois la promesse faite, celui qui promet se lie à l'avance et s'engage à répondre de ses actions dans le futur ; en promettant, il accepte implicitement qu'on lui demande des comptes plus tard sur la manière dont il aura réalisé sa promesse. Il donne sa parole à quelqu'un d'autre et assume, par là, une certaine obligation en autorisant autrui à exiger de lui, par la suite, des actions, des conduites, des prestations.

---

1. David Hume, *Traité de la nature humaine (1739-1740)*, tr. fr. A. Leroy, Paris, Aubier-Montaigne, 1946, III, V, p. 235-238.
2. *Ibid.*, p. 128.

C'est là que, pour Hume, la confiance retrouve sa place. Car en disant « je promets », j'invite autrui non seulement à croire en ma parole, mais aussi à espérer, le moment venu, que je la respecte. Toutefois, s'il n'y a pas de sanction juridique, on pourrait être tenté de craindre que cet espoir soit vain. Pas tout à fait, précise Hume car, une fois donnée, la parole porte à conséquence. Quelles que soient les restrictions mentales dont j'accompagne ma promesse, le seul fait d'avoir donné ma parole instaure une loi que je ne suis plus censé ignorer. Si je manque à ce que j'ai promis, en effet, autrui peut toujours « ruiner ma réputation »[1]. Ce qui nous ramène ainsi à la vision des rapports humains proposée déjà par Adam Smith. Celui-ci place le souci de sa propre réputation au centre même de la vie en société. « La Nature, lorsqu'elle a formé l'homme pour la société, lui a fourni un désir original de plaire et une aversion originale d'offenser son frère. Elle lui a appris à sentir le plaisir du regard favorable et le déplaisir du regard défavorable. Elle a rendu l'approbation des autres très flatteuse pour son bien et la désapprobation le plus mortifiant et offensif[2]. » C'est donc pour sauvegarder sa propre réputation qu'on aurait tendance à se montrer fiable et à respecter ses engagements. Cela, non seulement pour des raisons d'ordre psychologique, mais aussi pour des raisons utilitaristes : ce sont les marchands les plus réputés, nous

1. David Hume, *Enquête sur les principes de la morale* (1751), tr. fr. Paris, Flammarion, 1999, III, III, 3.
2. Adam Smith, *Théorie des sentiments moraux, op. cit.*, I, 2.

dit encore Smith, qui font les meilleures affaires ; c'est leur honnêteté et leur loyauté qui leur assurent une certaine crédibilité auprès de leurs clients. Pour le dire autrement, la confiance paie !

C'est ce que prétendent aujourd'hui les spécialistes du travail et de son organisation, les managers et les sociologues des entreprises. Ils croient pouvoir demander la confiance de leurs salariés quand ils ne peuvent même plus leur proposer une protection…

Confiance et employabilité

Au cours des années 1990, le contrat entre employeurs et employés a changé de statut. Désormais, celui-ci ne se fonde plus sur le rapport *loyauté/protection*, mais sur un nouveau rapport *employabilité/confiance*. Il ne s'agit plus, pour une entreprise, de garantir au salarié une forme de protection sur le marché du travail, c'est-à-dire un emploi garanti au maximum, en échange de la loyauté du travailleur. L'entreprise ne peut plus offrir la sécurité de l'emploi, mais elle s'engage à garantir l'*employabilité* du salarié, c'est-à-dire un niveau de compétences et de flexibilité lui permettant de trouver un nouvel emploi à l'intérieur ou à l'extérieur de l'entreprise[1]. En échange, elle demande que son salarié lui fasse *confiance*. Dans le monde du travail contemporain, ce mot s'est ainsi progressivement transformé en un paravent au service d'un

1. Bob Aubrey, *Savoir faire faire*, Paris, InterÉditions, 1990, p. 56.

nouveau « paradigme gestionnaire » tout entier fondé sur de nouvelles exigences de loyauté[1].

Pourtant, même le simple recrutement au sein d'une organisation ne pourrait pas avoir lieu sans confiance : la confiance de l'entreprise dans le salarié, qui doit pouvoir se montrer fiable et capable d'adhérer au projet d'entreprise ; la confiance de la personne recrutée dans la volonté de l'entreprise de respecter ses engagements. Mais la confiance suppose une certaine stabilité des rapports entre les personnes. Comment parler de confiance et de stabilité dans un monde économique dominé par l'incertitude et exigeant en permanence une capacité d'adaptation et de flexibilité des salariés ? Comment une entreprise doit-elle être organisée en interne pour être en mesure non seulement de faire confiance à ses salariés, mais aussi de susciter leur confiance à son égard ?

L'un des défis du management contemporain est de pousser les individus à croire que la confiance dépend d'un acte de volonté. Cette nouvelle idéologie veut convaincre les responsables d'« apporter du sens » ; elle veut les pousser à croire que la confiance pourra s'instaurer à l'intérieur d'une équipe dès lors qu'ils auront une « attitude positive » vis-à-vis de l'avenir : ce n'est qu'en croyant en soi-même et au futur que le manager peut envisager des projets et s'y consacrer pleinement. En revanche, s'il doute de ses propres capacités, il ne peut – toujours selon cette littérature managériale – éta-

1. Michela Marzano, *Extension du domaine de la manipulation, op. cit.*

blir avec les autres des relations capables d'engendrer une dynamique « gagnant-gagnant ». C'est pourquoi on insiste beaucoup sur l'importance de l'apprentissage dans le développement de la confiance, comme le moyen le plus important pour « motiver » les salariés. Ainsi que l'expliquait déjà Peter Drucker, le « père du management », il faudrait qu'un manager apprenne à devenir un « chef d'orchestre » capable d'inspirer confiance et, par là, d'engendrer un *tout* qui soit supérieur à la *somme des parties*, une « entité productive dont il sort plus que la somme des ressources qu'on y a mises[1] ». Le management, pour être performant, doit devenir un exercice relationnel, une machine à fabriquer de la confiance. Quant à la confiance, il s'agit d'un processus qui ne peut s'enclencher que par la volonté et le désir des différents acteurs concernés. Le piège principal de cette argumentation n'est pas difficile à démasquer. Il réside dans le glissement sémantique des mots employés.

Il est certain que, dans une entreprise, il faut que les salariés soient au courant d'un certain nombre d'orientations stratégiques, des objectifs à atteindre, des résultats obtenus dans les dernières années. Ce cadre de référence est nécessaire pour que chacun puisse trouver des repères. Il ne s'agit ni de promettre ce qu'on sait pertinemment ne pas pouvoir tenir, ni de prétendre donner un sens général à la vie des salariés. Si

1. Peter F. Drucker, *The Practice of Management,* New York, Harper Business, 1954, p. 341.

une direction doit être indiquée, cette direction-là ne peut jamais prétendre devenir la « feuille de route » à laquelle chaque individu doit à tout prix s'en remettre, comme c'est le plus souvent le cas aujourd'hui. Pour que la confiance puisse peu à peu resurgir, il faudrait que les managers arrivent à reconnaître devant leurs salariés qu'ils n'ont pas réponse à tout. Il faut surtout, à l'intérieur d'une équipe, que personne ne soit dupe du fait que la confiance mutuelle grandit au fur et à mesure qu'on accepte le risque résultant, pour un objectif précis, de la relation aux autres. Encore une fois, la confiance ne se réduit pas à un simple « contrat de confiance ». Il ne suffit pas de remplir toute une série de critères formels pour faire naître la confiance.

Si l'on n'est pas prêt à accepter le risque d'une relation humaine qui échappe à la maîtrise et au contrôle, la confiance disparaît. Il en va de même pour les erreurs éventuelles : à trop miser sur le « zéro faute », thème si à la mode dans la littérature managériale, on aboutit au résultat inverse de celui qu'on prétend obtenir. Au lieu de favoriser la confiance mutuelle, on crée progressivement confusion et méfiance. L'expérience dramatique de certaines entreprises devrait aujourd'hui servir de leçon à ceux qui appliquent depuis vingt ans ces mêmes recettes. Elles ne font qu'engendrer un climat d'anxiété et de crainte qui sape à la fois la confiance en soi de chaque salarié et sa confiance dans les autres. Les crises chez Renault, Peugeot ou France Telecom ne sont, hélas, que les exemples les plus tragiques d'une pensée dévastatrice diffusée massivement dans la plupart des écoles de commerce. En arrière-plan, il faudrait retrouver l'idée d'engagement mutuel : dans un lieu de travail, lorsqu'on agit à l'intérieur d'une équipe, d'une institution ou d'une organisation, on ne peut se borner à planifier ses actions ; il faut s'y impliquer tout en sachant qu'on s'expose toujours à des circonstances et des conséquences que l'on ne peut entièrement prévoir. Chacun a des ressources et des capacités auxquelles il peut se fier, mais l'imprévu existe et il n'est pas toujours maîtrisable. Dans ce contexte, il faut pouvoir connaître les objectifs en vue desquels on s'engage auprès de quelqu'un ; savoir, par exemple, dans quelle mesure ils sont communs ou individuels. Mais il faut aussi pouvoir reconnaître ses propres limites, sans que cela entraîne une perte de confiance de la part d'autrui. Les individus sont d'autant plus disposés à faire confiance qu'ils comprennent que les éventuelles déceptions font partie de l'existence et qu'ils ne peuvent tout contrôler. Le problème de la confiance ne réside donc pas dans l'accroissement de la certitude qu'on ne se trompera jamais ou que les autres seront toujours à la hauteur des attentes, mais dans l'acceptation de l'incertitude, des risques, des défaillances.

Dans une organisation, la confiance peut s'installer si le climat général permet à chacun d'être ouvert aux idées de l'autre, sans que l'on soit pour autant obligé de renoncer systématiquement à ses propres croyances. Ce qui demande à la fois de l'humilité et du courage. Être ouvert aux idées des autres et chercher à comprendre leur point de vue signifie en effet se placer d'emblée dans une attitude de respect : j'entends ce que l'autre a à dire sur un certain sujet, et je prends le temps de réfléchir à ce qu'il dit, surtout si, au départ, je ne suis pas d'accord avec lui. C'est le temps de l'ouverture à l'autre, et plus généralement à la différence et à l'altérité. Mais écouter l'autre et prendre le temps de réfléchir à ce qu'il nous dit n'implique pas toujours qu'il faille se laisser influencer. Surtout lorsqu'on est face à des individus qui imposent leur point de vue sans jamais laisser la possibilité de les questionner ou de soulever des objections. C'est une chose, en effet, de se retrancher derrière une forme d'indifférence, quand ce n'est pas pure étroitesse d'esprit ou, pire encore, rejet de l'autre ; c'en est une autre de renoncer définitivement à défendre un point de vue différent de celui de son interlocuteur. Parfois il faut aussi avoir le courage de s'opposer aux idées dominantes et d'aller contre le conformisme intellectuel ou moral qui prévaut au sein d'une organisation. C'est alors qu'on comprend la différence qui existe entre la simple coopération rationnelle, dont le but est la maximisation des performances collectives, et les relations de confiance qui, ne visant pas toujours à accroître le profit, permettent toutefois de créer des conditions de travail moins tendues et capables à long terme d'engendrer aussi du profit pour l'entreprise.

Le cercle vertueux de la coopération

De nombreuses études cherchent à montrer les liens étroits qui existent entre confiance et coopération : il serait rationnel de faire confiance car la coopération permet toujours de maximiser l'intérêt de chacun. Partant de l'idée que la société est aujourd'hui caractérisée par l'incertitude, certains sociologues, à la suite de Niklas Luhmann, définissent la confiance comme un mécanisme de réduction de la complexité sociale[1] : celui qui fait confiance prend certes des risques, mais il est libre d'agir comme il l'entend, sans que son action soit systématiquement retardée ou empêchée par des décisions d'ordre pratique. D'autres sociologues, plus influencés par les théories économiques, font de la confiance un élément clé pour la régulation des transactions[2] : il vaudrait mieux faire confiance et coopérer que se cantonner à la poursuite de son propre intérêt, car au bout du compte, c'est l'intérêt de chacun qui s'en trouve augmenté. Certains croient même que l'on ne fait réellement confiance que lorsqu'on attend, en retour, une action avantageuse pour soi. Ce qui revient à penser que la confiance serait le résultat d'un calcul coûts/bénéfices : on fait confiance dès lors qu'on arrive

1. Niklas Luhmann, *La Confiance*, *op. cit.*

2. Diego Gambetta, *Trust. The Making and Breaking of Cooperative Relations*, Oxford, Blackwell, 1988 ; Russell Hardin, *Trust and Trustworthiness*, New York, Russell Sage, 2002.

à réunir un certain nombre d'informations concernant le dépositaire éventuel de notre confiance, ainsi que les conséquences probables de notre acte de confiance. C'est pourquoi, nous explique Gambetta, « la confiance est un certain niveau de probabilité subjective grâce auquel un agent estime qu'un autre agent ou groupe d'agents va accomplir une action particulière, *avant* qu'il ne puisse contrôler cette action[1] ». Faire confiance, dans un tel contexte, signifierait croire que la probabilité que quelqu'un accomplisse une action favorable est assez élevée pour qu'on puisse envisager de coopérer avec lui. Étant donné que la confiance permet de construire des relations de coopération – là où la défiance ne fait que les détruire –, il serait « rationnel de faire confiance à la confiance, et de se défier de la défiance[2] ».

Ce raisonnement paraît tout à fait cohérent. Il semble d'autant plus crédible que l'on se concentre sur les motivations qui peuvent pousser quelqu'un à se montrer « digne » de confiance. Pour Hardin, par exemple, il est évident qu'il faut toujours prendre en compte l'intérêt qu'aurait le bénéficiaire de la confiance à s'en montrer digne. C'est pourquoi il propose une théorie de la confiance fondée sur l'idée d'intérêts enchâssés (*encapsulated interests*) : je fais confiance à quelqu'un si j'ai des raisons de croire qu'il sera dans l'intérêt de cette per-

1. Diego Gambetta, *Trust. The Making and Breaking of Cooperative Relations, op. cit.*, p. 217.
2. *Ibid.*, p. 234.

sonne de se montrer digne de confiance, de manière appropriée et au moment opportun. Ma confiance repose alors sur le fait que mes propres intérêts sont enchâssés dans les intérêts de l'autre : elle dépend du fait que le bénéficiaire de ma confiance conçoit mes intérêts comme étant partiellement les siens[1]. Pour Hardin, un enchâssement de ce genre peut se réaliser pour différentes raisons, en particulier afin de perpétuer la relation existant entre deux ou plusieurs partenaires, comme il arrive dans le cas d'une amitié ou d'une relation amoureuse, ou encore afin de préserver sa propre réputation dans les rapports à autrui.

Mais si être digne de confiance est très important dans le cadre d'une amitié ou d'une relation amoureuse, et peut en partie expliquer la confiance qu'on reçoit, sommes-nous réellement sûrs que la confiance qui fonde des relations d'amour ou d'amitié se résume uniquement à un simple « enchâssement d'intérêts » ? La coopération est une décision stratégique qui permet aux individus de changer radicalement le cours des événements. Mais peut-on comprendre ce qu'est la confiance dès lors qu'on se limite à analyser des « relations froides, distanciées, entre adultes égaux et inconnus[2] » ?

En 1966, Lacan écrivait que la « ruse de la raison » consiste à faire croire aux individus que « le sujet, dès

1. Russell Hardin, « Communautés et réseaux de confiance », *in* A. Ogien, L. Quéré (dir.), *Les Moments de la confiance, op. cit.*, p. 91.
2. Annette Baier, « Trust and Anti-Trust », *Ethics*, 96, 2, 1986, p. 231-260.

l'origine et jusqu'au bout, sait ce qu'il veut »[1]. Il suffit d'observer les êtres humains pour se rendre compte que personne n'est un simple agent rationnel. Personne ne décide et ne choisit uniquement sur la base de motifs raisonnables et rationnels. La plupart du temps, les relations entre les individus ne sont ni froides ni distanciées. Comme le disait déjà Nietzsche : « Nos actions ne sont généralement pas *typiques* et elles sont loin d'être comme des résumés de la personne [...]. Actes de circonstance, réactions épidermiques, réponses automatiques à quelque stimulation avant même que la profondeur de notre être ait été sollicitée[2]. » Mais en quoi une colère, une empoigne, ou un coup de couteau expriment réellement une personne ? Ne nous arrive-t-il pas à tous, à un moment ou l'autre de la vie, de ne pas être raisonnables et de faire tout le contraire de ce que nous aurions dû faire ?

Lorsque je prends une décision, il est rare que je ne me laisse pas influencer par mes états d'âme et que je choisisse froidement la conduite à suivre. Il arrive même que je ne fasse pas ce que, en principe, il serait raisonnable de faire. Je peux, par exemple, savoir qu'il ne convient pas de faire confiance à un ami qui m'a déjà fait faux bond, mais, par attachement à lui et en souvenir de ce que nous avons vécu ensemble, je peux me laisser convaincre et le suivre dans une aventure qui me paraît sans perspective. Ainsi, dans le célèbre film de

1. Jacques Lacan, *Écrits*, Paris, Seuil, 1966, p. 802.

2. Friedrich Nietzsche, *Fragments posthumes (1887-1888)*, in *Œuvres philosophiques complètes*, Paris, Gallimard, 1976, t. XIII, p. 108.

Dino Risi, *L'Homme à la Ferrari* (1967), Vittorio Gassman joue le rôle d'un riche businessman devenu grand-père, et qui se sent pour la première fois vieillir. Il perd la tête pour la petite amie de son fils, Carolina, et commence à se conduire de façon excentrique. Il sait pertinemment que l'histoire est sans lendemain et que Carolina joue avec ses sentiments. Il comprend immédiatement qu'il ne peut lui faire confiance, et il est convaincu qu'il ne devrait pas tromper sa femme. Mais en dépit de tout (ses convictions, sa raison, sa morale), il se lance dans cette aventure et, pendant quelque temps, n'hésite pas à recourir à tous les mensonges et toutes les bassesses dont il se découvre capable pour préserver à la fois sa vie familiale et sa liaison. Pourtant – comme notre héros l'imaginait bien – l'histoire se termine vite. La jeune femme quitte l'Italie et déménage à Paris, tandis que Gassman retourne chez lui aux côtés de sa femme…

La raison est bien plus fiable que les émotions ou les désirs, mais ce sont les sentiments qui, le plus souvent, déterminent nos choix. Quelle confiance peut-on dès lors avoir en nos propres passions ou dans les passions des autres ?

« On ne sait ce qu'on dit quand on aime »

Descartes est convaincu qu'on ne peut avoir confiance qu'en sa propre raison. Et cela, au point de théoriser la nécessité d'éviter toute forme d'engagement. Pour le philosophe français, il faudrait éviter de faire des promesses pour préserver sa liberté[1]. Bien qu'il reconnaisse que les contrats sont utiles dans le domaine du commerce et que la sanction de la parole non tenue est nécessaire pour remédier à l'inconstance des esprits faibles, il se montre sardonique à l'égard de la confiance dans le cadre de l'amitié et de l'amour. Quant à Rousseau, un siècle plus tard, il exclura l'existence même de rapports humains fondés sur la confiance. Dans le *Discours sur les sciences et les arts*, par exemple, il décrit avec éloquence la fourberie et la sournoiserie des êtres humains. Et, dans *La Nouvelle Héloïse*, il montre comment, en dépit des promesses qu'on peut faire lorsqu'on est amoureux et en dépit de certaines exceptions comme celle de Julie et de Saint-Preux, l'amour est inconstant. Pour Rousseau, notre nature est ainsi faite que tout change continuellement. Aussi, demander qu'on nous aime toujours, c'est ne pas admettre la fragilité des sentiments :

> Et de quel droit prétendez-vous être aimées aujourd'hui parce que vous l'étiez hier ? Gardez donc le même visage, le même âge, la même humeur, soyez toujours la même, et l'on vous aimera toujours, si l'on peut. Mais changer sans cesse, et vouloir toujours qu'on vous aime, c'est vouloir qu'à chaque instant on cesse de vous aimer ; ce n'est pas chercher des cœurs constants, c'est en chercher d'aussi changeants que vous[2].

1. Descartes, *Discours de la méthode* (1737), Garnier-Flammarion, 2000, IIIe partie, IV, 24.
2. Jean-Jacques Rousseau, *La Nouvelle Héloïse* (1760), Paris, Flammarion, 1967, IVe partie, lettre XIV.

Comment promettre alors quelque chose qui ne dépend pas forcément, ou exclusivement, de soi ? En amour, comme en amitié, la confiance demande une « présence » et la présence, elle, renvoie à une forme d'engagement, sauf à se réduire à une simple contiguïté physique qui ne serait qu'un « être-là » purement formel. Cet engagement, cependant, n'implique pas d'obligations, au moins dans la mesure où les sentiments requis par une présence authentique et pleine ne sont pas quelque chose que l'on peut promettre. Les sentiments sont toujours en « mouvement » ; ils évoluent sans cesse. Promettre la constance signifie s'engager à faire quelque chose qu'en réalité, on n'est pas en mesure de tenir[1]. « S'il faut en croire le dicton populaire, l'aimant seul peut jurer et, s'il passe outre à son serment, obtenir le pardon des dieux, écrit Platon dans *Le Banquet*. Car ce n'est pas un serment celui où est mêlée Aphrodite. » Lorsqu'on aime, on a tendance à faire des promesses et à vouloir s'engager pour toute la vie. C'est naturel. C'est même ce qui nous fascine le plus dans l'amour. Mais ce sont des promesses qui n'engagent que ceux qui y croient…

En amour, la confiance semble difficilement concevable au sens de quelque chose que l'on promet ou que l'on jure, comme lorsqu'on promet de respecter, par exemple, le délai demandé par un éditeur pour la

1. Michela Marzano, *La Fidélité ou l'amour à vif*, Paris, Buchet-Chastel, 2005.

remise d'un manuscrit, ou encore lorsqu'on s'engage à donner à manger aux chats du voisin qui part en vacances. L'amour n'est pas une action dont la réalisation dépend entièrement de nous. Il s'agit d'un sentiment qui se nourrit, certes, des efforts que nous pouvons accomplir pour qu'il dure. Mais en tant que sentiment, il échappe en grande partie à notre volonté et à notre contrôle. C'est pourquoi le pacte auquel Julie soumet son chevalier servant dans *La Nouvelle Héloïse* se fonde sur la loyauté et non pas sur la promesse d'un amour éternel :

> C'est là, mon féal, qu'à genoux devant votre Dame et maîtresse, les deux mains dans les siennes et en présence de son Chancelier, vous lui jurerez foi et loyauté à toute épreuve, non pas à dire amour éternel ; engagement qu'on n'est maître ni de tenir ni de rompre ; mais vérité, sincérité, franchise inviolable. Vous ne jurerez point d'être toujours soumis, mais de ne pas commettre acte de félonie, et de déclarer au moins la guerre avant de secouer le joug[1].

En amour, rien ne remplace la volonté d'être digne de confiance, d'être « là » pour l'autre lorsque celui-ci le désire. Mais la confiance est quelque chose que je découvre jour après jour, parfois à partir de petits gestes, parfois en étant moi-même surpris de constater que l'autre est présent à mes côtés sans que je lui aie

1. Jean-Jacques Rousseau, *La Nouvelle Héloïse, op. cit.*, Ire partie, lettre XXXVI.

rien demandé. Lorsqu'on parle de sentiments, en effet, on parle de quelque chose qui engage directement l'*être*. C'est pourquoi la confiance qui structure les relations affectives peut se construire, s'entretenir, mais elle ne peut en aucun cas être le résultat d'une promesse.

À la base de l'amitié et de l'amour, il y a un désintéressement qui éloigne du contrat, une spontanéité qui s'accommode mal de l'obligation. Il ne s'agit pas de s'enfermer dans une relation invulnérable, au risque de méconnaître ses propres fragilités et celles de l'autre. La confiance grandit et se nourrit de reconnaissance mutuelle. Elle ne peut reposer sur une promesse toute formelle. C'est pourquoi il ne faut pas lui prêter à l'avance une stabilité qu'elle conquiert laborieusement. L'intimité qu'on cherche à bâtir avec autrui est toujours soumise aux aléas de la vie. « Je lui ai donné ma foi, j'en conviens, écrit Marivaux. Un homme amoureux est-il responsable des sentiments qu'il fait ? peut-il s'empêcher de les faire ? est-il son maître ? a-t-il de la raison ? Si dans un transport au cerveau j'avais juré de me tuer au sortir de là, serais-je obligé de tenir parole ? Eh bien ! l'amour est un transport, on ne sait ce qu'on dit quand on aime[1]. »

Certes, lorsque j'aime, je crois aimer pour toujours et je suis amené à considérer l'accomplissement de mon amour comme une sorte de « devoir sacré ».

---

1. Marivaux, *Le Spectateur français*, 11e feuille, in *Journaux et œuvres diverses*, Garnier, 1969, p. 170.

Lorsque j'aime, je me sens intérieurement obligé de m'engager pour que l'amour que j'éprouve se traduise en un projet de construction d'une relation durable. Ainsi, dans le cadre de l'amour, chacun de nous peut être amené à faire serment de fidélité éternelle. Mais s'engager pour l'éternité signifie non seulement méconnaître la nature des sentiments humains, mais résumer la confiance à une sorte de respect loyal de la parole donnée. Car si l'on peut toujours s'engager sur des actes, comment pourrait-on promettre quoi que ce soit en matière de sentiments. Celui qui promet à quelqu'un de l'aimer toujours ou de lui être toujours fidèle promet quelque chose qui n'est pas en son pouvoir, sauf à réduire l'amour à une suite de gestes que l'on continue à accomplir alors même qu'aucun sentiment n'est plus présent[1]. Je peux ne pas quitter quelqu'un que je n'aime plus. Mais suis-je encore fidèle à cette personne et à moi-même ? N'y a-t-il pas le risque de faire de la confiance mutuelle quelque chose de purement mécanique et de la vider finalement de sens ?

C'est ainsi que Newland Archer, le héros du roman d'Edith Wharton *Le Temps de l'innocence*, ne trahit jamais son « engagement ». Lorsqu'il décide de rester avec sa femme May – « Il avait été ce qu'on appelle un mari fidèle » – et de ne pas suivre la femme qu'il aime, Ellen Olenska, Archer obéit aux règles de son groupe, tient sa

1. Friedrich Nietzsche, *Humain, trop humain* (1878), in *Œuvres philosophiques complètes*, Paris, Gallimard, 1988, t. III, I, § 58.

promesse, et ne dérange pas le plan préétabli. Il joue son rôle d'homme fiable et de père attentionné – comme le dit son fils en rapportant les derniers mots de May : « Elle m'a dit qu'elle était tranquille en nous quittant parce qu'une fois, quand elle vous en avait fait la demande, vous lui aviez sacrifié la chose à laquelle vous teniez le plus[1]. » Newland respecte les conventions du monde dans lequel il vit et devient le pion d'une société où l'ordre décide de la conduite à suivre. Il fait du devoir l'emblème de sa dignité. C'est pourquoi il représente le symbole du bon citoyen, celui qui ne revient pas sur sa parole, ne défait pas ce qui a été conclu : il offre un exemple parfait de cette confiance toute formelle, qui se fonde sur l'interdiction de se déjuger. Mais, par son attitude, Newland Archer devient l'auteur de son propre malheur et peut-être aussi de celui des autres. L'intérêt du groupe et l'engagement qui le lie à May vident peu à peu la vie de Newland, transformant son existence en une succession de jours identiques et monotones. « La fleur de la vie » lui échappe. Lorsqu'il pense à Ellen, c'est d'une façon irréelle, comme on pourrait penser à un grand amour découvert dans un livre. Elle reste à jamais « l'image de tout ce dont il avait été privé[2] ». Avec le temps, Archer parvient même à se convaincre que le mariage le plus ennuyeux n'est pas une faillite, tant qu'il garde la « dignité d'un devoir ». Ce n'est pas par hasard que le roman s'achève sur l'image d'un homme qui,

1. Edith Wharton, *Le Temps de l'innocence* (1920), Paris, Flammarion, 1985, p. 278.
2. *Ibid.*, p. 278.

n'ayant pas le courage, après tant d'années, de revoir Ellen, reste assis sur un banc de Paris, près des Invalides, regardant la vie (des autres) s'écouler comme un fleuve. Un homme fatigué, qui rentre seul à son hôtel, alors qu'il était venu pour cette rencontre.

Sous l'apparence d'une confiance parfaite, l'attitude de Newland Archer cache l'histoire d'une « trahison » : c'est la négation d'une personnalité qui aurait pu s'affirmer ; c'est la défaite de l'amour. Il n'est en effet pas question ici de sublimation, mais du tâtonnement aveugle d'un homme qui préfère tuer un sentiment plutôt que déranger l'ordre et les conventions sociales. C'est la société qui gagne. La société et sa vestale, May, qui, avec son « innocence », incarne parfaitement les valeurs de la vieille New York. Mais peut-on, ici, parler encore de confiance ? « Les traîtres se trouvent partout, le mariage en connaît aussi », écrit Kierkegaard. Mais il ne faut pas se tromper de cible, nous dit le philosophe, car les traîtres ne sont pas ceux qui décident, le moment venu, de sortir de leur mariage, mais plutôt « ces misérables époux qui restent là, gémissant de ce que l'amour depuis longtemps déjà se soit volatilisé de leur mariage, ces époux qui restent comme des fous, chacun dans son enclos conjugal[1]. » Les relations amoureuses sont avant tout des relations humaines qui traversent tantôt des moments d'angoisse, tantôt des moments d'espoir. La confiance n'est pas quelque

1. Sören Kierkegaard, *Ou bien… ou bien* (1843), Paris, Gallimard, 1943, p. 371.

chose que l'on peut décréter. Elle se nourrit des faiblesses et des défaillances des uns et des autres. Parfois, elle n'est plus au rendez-vous. Jamais elle ne reste intacte uniquement parce qu'on décide de l'intégrer à l'intérieur d'un cadre contractuel.

La relation médicale

Une autre relation où la confiance joue un rôle clé – et nous permet de mieux comprendre les impasses dans lesquelles on peut se trouver lorsqu'on réduit celle-ci à sa portion congrue – est la relation médicale. Encore une fois, la transcription juridique de la confiance a tendance à évacuer la complexité des rapports entre médecins et patients. Certes, le statut contemporain de la relation médicale semble bien plus favorable aux malades que par le passé. Il ne faut pas oublier qu'il y a encore cinquante ans, les médecins n'hésitaient pas à leur imposer ce qu'ils jugeaient « bon » pour eux. Aujourd'hui, le souci d'informer les patients, et d'obtenir leur adhésion aux actes de soin qu'on leur propose, est devenu la norme. Le passage d'une situation à l'autre traduit une profonde évolution de la société : là où, jadis, on avait tendance à mettre l'accent sur le *principe de bienfaisance*, c'est-à-dire sur l'obligation des médecins de « faire le bien » des patients, indépendamment de leurs souhaits et de leurs désirs, aujourd'hui on cherche davantage à respecter le droit des individus à choisir seuls leur propre « bien » et à prendre eux-mêmes les décisions les concernant (*principe d'autonomie*). Ainsi, les médecins sont désormais soumis à l'obligation d'informer les patients de leur état de santé, de même qu'à celle de leur expliquer les risques et les bénéfices des soins qu'ils leur proposent. La décision médicale est dès lors partagée : elle est prise d'un commun accord par les malades et leurs soignants.

L'évolution a été plus ou moins complexe selon les pays, le « modèle autonomiste » étant plus facilement intégré dans les pays anglo-saxons qu'en France, en Allemagne ou en Italie. On peut même dire que ce n'est qu'en 2002, avec la loi du 4 mars relative aux droits des malades et à la qualité du système de santé[1], que l'autonomie du patient trouve, en France, une véritable reconnaissance au niveau juridique : les choix du patient doivent désormais être respectés par le médecin, même s'ils se manifestent par le refus d'un traitement. Après des années de polémiques, le législateur français (en Italie ce n'est pas encore tout à fait le cas) semble avoir enfin accepté l'idée que le malade aussi peut avoir son mot à dire, ne serait-ce que pour donner son propre consentement à l'acte médical. Mais le patient est-il réellement en état de prendre une décision concernant sa santé, lorsqu'il se trouve en situation de vulnérabilité ? Lorsque je vais voir un médecin, n'ai-je pas d'abord besoin de « compter sur » mon médecin et de lui faire confiance ?

---

1. Cette loi est venue modifier le Code de santé publique. Voir en particulier l'article L111-4, modifié ensuite par la loi relative aux droits des malades et à la fin de vie adoptée le 12 avril 2005.

D'un point de vue général, le verbe « consentir » signifie : « accepter qu'une chose se fasse et ne pas l'empêcher ; approuver et souscrire ; autoriser et permettre ». Cela veut dire que le consentement revêt des significations assez différentes, bien que liées entre elles. Au moins d'un point de vue terminologique, la notion oscille entre un sens « négatif », *ne pas empêcher*, et un sens « positif », *approuver*. Ne pas empêcher, permettre et approuver ne sont d'ailleurs pas synonymes. Dans l'approbation de quelque chose, il y a une participation autre que celle que l'on trouve dans l'autorisation ou dans la permission. De ce point de vue, celui qui donne son consentement exprime son « oui » ou son « non » à quelque chose, un « oui » et un « non » qui peuvent effectivement être la manifestation active de sa volonté et de son désir, mais qui peuvent aussi tout simplement être l'acceptation tiède d'une proposition qui émane d'autrui [1]. Consentir, c'est un moyen pour l'individu de manifester son opinion, son point de vue et ses préférences ; c'est pouvoir empêcher que quelqu'un d'autre décide à notre place ou nous impose une décision nous concernant. Reste toutefois à savoir quel rôle joue exactement le consentement dans les relations de confiance entre médecins et patients, en particulier lorsqu'un malade attend qu'un médecin le « prenne en

1. Comme l'écrit Patrick Pharo : « Il y a une différence entre choisir le choix, qui est le propre de l'offre et du contrat, et choisir le contenu, qui concerne aussi la menace » (P. Pharo, *Le Sens de la justice*, Paris, PUF, 2001, p. 38).

charge » en s'occupant de sa souffrance et de sa vulnérabilité.

La pratique médicale se fonde sur une rencontre : la rencontre d'une confiance (celle du patient) qui s'en remet à une compétence (celle du médecin). Sans confiance, l'action médicale ne serait probablement pas possible : le soin engage une reconnaissance qui ne peut être réduite à l'application de dispositifs technico-administratifs. La relation entre un patient et son médecin tourne toujours autour d'une demande : « Docteur, aidez-moi ! Je ne veux plus souffrir. Que dois-je faire ? » L'aide qui est demandée, cependant, ne justifie pas une « prise de pouvoir » de la part du médecin. Le soignant possède, certes, une connaissance que les malades n'ont pas – il est celui qui « peut » et « doit » aider le patient –, mais il ne doit pas utiliser ses compétences pour décider à leur place. Il est en possession d'un savoir-faire et d'une pratique – il a la possibilité de formuler un diagnostic et un pronostic –, mais il ne peut connaître ce qu'un malade estime être réellement son bien. C'est pourquoi les informations que donne un médecin doivent pouvoir permettre au patient de faire des choix, et de décider d'accepter ou pas ce qu'on lui propose. Un médecin n'est pas là pour juger ses patients. Il doit, au contraire, accepter leur choix, même lorsqu'il n'est pas d'accord avec eux : il n'est pas un « mauvais médecin » s'il n'arrive pas à convaincre le malade de suivre ses propres conseils. Comment construire alors un rapport de confiance capable à la fois de laisser au médecin son rôle d'« expert » et de donner au patient une place de sujet ?

Le problème qui se pose pour un médecin, dans la relation avec son patient, c'est la confiance dont il est bénéficiaire. C'est pourquoi il doit pouvoir être capable de mettre en place des relations interpersonnelles sans se retrancher derrière des « simulacres de dialogue ». Ce qui oblige le soignant à ne pas limiter son devoir au respect formel d'une procédure. Son but est d'arriver à articuler son souci de *bien faire* avec son exigence de *faire le bien.* Sauf à réduire le rapport médecin/patient à une relation purement contractuelle qui, cependant, exclurait *a priori* – nous l'avons vu – une véritable confiance.

Dans un tel contexte, le défi, pour un médecin, est d'arriver à trouver la « juste distance » entre la compassion fusionnelle et l'objectivation du malade ; d'assumer sa pleine responsabilité à l'égard de la vulnérabilité que le malade remet entre ses mains. Il ne s'agit pas de décider à « sa » place, mais il ne s'agit pas non plus de croire qu'un malade est toujours capable de maîtriser les informations qu'on lui donne. S'éprouver malade, c'est être affecté dans l'image qu'on a de soi, dans ses propres capacités et compétences, voire dans la confiance que l'on a dans la vie et dans l'avenir. Pour le patient, le diagnostic représente toujours un « verdict » sur ce qu'il « peut » ou « ne peut pas » faire. C'est pourquoi le médecin doit être capable d'informer le malade afin que celui-ci puisse exprimer sa volonté. Mais pour l'informer, il faut aussi qu'il puisse réfléchir à ce qu'est la « vérité » en médecine. Dans la pratique médicale, en effet, ce qu'on appelle la « vérité » est un ensemble complexe de données différentes et hétérogènes : il y a une « vérité » concernant le diagnostic, une autre concernant le pronostic, une autre encore concernant les moyens à disposition ou l'impuissance médicale… Sans oublier la « vérité » du patient, son vécu personnel, ses valeurs, ses fragilités. Comment formuler alors cette « vérité multiple » ? Comment et quand « dire » la « vérité » au malade ? Faut-il tout lâcher en vrac, vite, vite, comme pour se débarrasser d'une vérité qui oppresse, ou faut-il ouvrir un dialogue et voir si la personne tend une perche pour savoir ?

D'un point de vue strictement juridique, la relation médicale est contractuelle : le consentement du patient est essentiel afin qu'il puisse exprimer son autonomie. Même si le contrat reste « implicite », il entraîne des obligations : le médecin s'engage à me donner des soins consciencieux et à m'informer correctement de mon état de santé et des traitements envisagés ; moi, je m'engage en retour à donner mon « consentement libre et éclairé ». Si je consulte un médecin, en effet, ce n'est pas pour abdiquer ma liberté, mais c'est pour qu'on m'aide à surmonter les problèmes que je rencontre dans mon corps. Mais lorsque je vais voir mon médecin, la relation qui se met en place sort du simple cadre contractuel. Je ne veux pas que mon médecin se borne à respecter à la lettre un « contrat de soins ». Je veux aussi qu'il prenne en compte mon intérêt global, qu'il me conseille et qu'il me guide dans mes choix. Je veux pouvoir compter sur lui et lui faire confiance.

Un médecin ne peut se substituer à son patient et agir en ignorant sa personnalité et ses attentes. Le priver de sa « vérité », ce serait l'empêcher de décider ce qui lui convient le plus. « Le médecin doit accepter la vérité de l'autre[1]. » Mais respecter le malade, c'est aussi le respecter dans son refus de savoir, qu'il soit temporaire ou définitif. Il peut toujours arriver qu'un patient préfère rester dans une position d'ignorance. De même, il peut arriver qu'il s'installe dans une position de déni, et qu'il ne désire absolument pas qu'on le force à accepter quelque chose qu'il ne peut même pas entendre. Il est vrai que demander au malade s'il veut être mis au courant, c'est déjà une façon de le mettre au courant de son état de santé. En même temps, il s'agit d'une révélation qui permet au patient de demander qu'on aille plus loin ou pas dans l'information et qu'on lui dise « tout ».

Respecter mon autonomie, c'est d'abord respecter le rythme auquel je peux (ou veux) apprendre la « vérité ». Mon angoisse de la maladie grave ou de la mort ne peut être soulagée par un « dire » strictement « technique ». C'est pourquoi celui qui m'accompagne ne peut pas forcer l'entrée de mon vécu personnel. Il faut pourtant qu'il reste vigilant, « car tôt ou tard le malade donnera un signal discret et entrouvrira la

1. Emmanuel Hirsch, *Médecine et éthique. Le devoir d'humanité*, Paris, Cerf, 1990, p. 58-59.

porte[1] ». Le problème véritable est celui de la mise en mots de la « vérité », afin de créer un espace approprié pour « dire », pour « entendre » ce qui est dit, pour « poser » ce qu'il y a à poser, pour aider à « penser » et à « ressentir »… Il existe une distinction importante entre « nommer » et « dire » une maladie. Nommer la maladie, c'est l'appeler par son nom, en utilisant le plus souvent un langage adapté à l'agir technique. Dire la maladie, en revanche, c'est en parler sans la nommer, c'est une façon moins traumatisante de l'annoncer au patient. Face au malade, un médecin ne peut que prendre en compte son désir d'information ; il doit être capable d'adapter son langage à la situation, tout en sachant qu'avec le temps, la capacité d'entendre d'un malade peut évoluer. C'est là toute la différence entre l'obligation d'informer qui reste formelle, et l'information réelle qui demande à un médecin d'être capable de jongler entre le « dit » et le « non-dit » afin de « respecter les défenses de chacun », sans pour autant laisser un malade dans un état d'« ignorance régressive »[2].

Accorder sa confiance comme malade exige l'assurance non seulement d'une compétence de la part du soignant, mais aussi d'un accompagnement et d'une prise en compte de sa propre souffrance. Ce qui n'est plus possible dès lors que notre confiance a été trahie. Certes, face aux abus de pouvoir, à la dissimulation

1. Sœur Leontine, *Au nom de la vie. Les soins palliatifs : éthique et témoignage*, Paris, Duculot, 1993, p. 71-79.

2. Martine Ruszniewski, *Face à la maladie grave : patients, famille, soignants*, Paris, Dunod, 1999, p. 65.

d'informations graves, à l'incompétence, parfois même au manque de respect du malade, la plainte portée en droit peut redonner sa place au patient, en tant qu'acteur autonome de sa propre vie. Mais pour que l'abus de confiance n'ait pas lieu – et que la relation entre soignant et soigné s'organise autour de la vulnérabilité extrême à laquelle chacun de nous est exposé lorsqu'il est malade –, peut-être faut-il sortir d'un cadre strictement contractuel et formel. Il existe un engagement moral qui sous-tend toute relation de confiance et qui fait qu'une fois qu'on accorde sa confiance à quelqu'un, on peut toujours espérer, quand ce n'est pas exiger, de ne pas être déçu [1]. Mais que peut-on réellement exiger d'autrui ?

Il est fiable, je ne lui fais pas confiance

De nombreuses difficultés inhérentes au concept de confiance viennent de ce qu'il ne semble pas y avoir d'équivalence entre « compter sur quelqu'un » et « faire confiance à quelqu'un ». Les Anglo-Saxons font une différence entre la confiance (*trust*) et le sentiment de pouvoir compter sur quelqu'un (*reliance*), sur une personne dont les qualités permettent objectivement de dire qu'il s'agit bien d'une personne « fiable »

1. « La confiance se donne ; on ne peut pas *exiger* qu'on nous l'accorde comme nous exigeons de ne pas être déçus, une fois qu'elle a été accordée » (Georg Simmel, *Sociologie*, *op. cit.*, p. 382).

(*reliable*). Un individu peut en effet être considéré comme *fiable* dès lors qu'il possède un certain nombre de compétences techniques et morales. Un médecin, nous l'avons vu, est fiable à partir du moment où il semble maîtriser son métier : il fait preuve d'une compétence technique qui le rend capable d'un bon diagnostic ; il sait quel genre d'examens il doit prescrire à son patient ; il connaît les médicaments indiqués pour une infection donnée, etc. Il est aussi fiable lorsqu'il se montre à la hauteur des attentes de ses patients, en étant à leur écoute, en prêtant une oreille attentive à leur plainte, en leur proposant des soins sans pour autant les leur imposer, etc. (ce qu'on appelle des compétences morales). Vais-je pour autant lui faire confiance uniquement en raison de ses compétences ?

En réalité, rien n'est moins sûr. Je peux « compter sur » ce médecin sans pour autant être prête à m'abandonner à lui en toute sécurité. Quelqu'un de fiable et sur qui je peux compter, en effet, peut me décevoir, notamment lorsqu'il ne remplit pas correctement son rôle et qu'il ne répond pas à mes attentes. Mais il ne peut pas me trahir. Tout simplement parce que je ne me suis pas rendu vulnérable face à lui. Et *vice versa* : je peux avoir confiance en quelqu'un et me rendre vulnérable devant lui, en acceptant de dépendre de sa bienveillance, sans que rien justifie ma confiance en lui. Il peut toujours arriver que, en dépit de nombreux signes qui indiquent qu'une personne n'est pas tout à fait fiable, je continue à avoir confiance en elle. Il se peut, par exemple, qu'une amie m'ait déjà déçu à plusieurs reprises ; peut-être, à chaque fois, me suis-je juré de ne plus jamais compter sur elle. Pourtant, il m'arrive d'oublier ses défaillances et de continuer à avoir confiance en elle ; je ne perds pas l'espoir que le bien que je peux tirer de cette relation l'emporte sur la crainte du mal possible. Je peux aussi, pour prendre un autre exemple, continuer à faire confiance à mon fils qui se drogue et qui m'a juré à plusieurs reprises d'arrêter sans avoir pourtant jamais tenu parole. Dans ce cas également je suis tout à fait vulnérable face à lui : il n'est pas fiable et il a trahi ma confiance, mais je lui fais quand même confiance car je sais que cette confiance peut éventuellement l'aider à décrocher de la drogue ; si je cessais de lui faire confiance, il se sentirait encore plus seul face à sa dépendance.

Il ne s'agit pas, ici, de nier tout lien entre la *reliance* (le fait de compter sur quelqu'un de fiable) et la confiance proprement dite (*trust*). Souvent, entre le sentiment de confiance, et donc la certitude que j'ai de pouvoir compter sur quelqu'un, et la confiance, il y a une continuité. Ce qui amène le philosophe Simon Blackburn à parler de la *reliance* comme d'une sorte de « base austère » de la confiance[1]. La fiabilité de quelqu'un, je peux la constater au fur et à mesure que je fréquente cette personne et que je connais ses qualités et ses compétences. Elle peut alors progressivement me conduire à lui faire confiance. Surtout, si j'arrive à

1. Simon Blackburn, « Trust, Cooperation and Human Psychology », *in* Valerie Braithwaite, Margaret Levi (dir.), *Trust and Governance, op. cit.*, p. 32.

instaurer un vrai dialogue avec cette personne et à lui déclarer que je me fie à elle : à partir du moment où je déclare à quelqu'un mon intention de compter sur lui, il peut se sentir motivé par mes attentes et s'engager dans un processus au bout duquel la confiance réciproque peut enfin surgir.

Pourtant, en dépit de tout, la confiance ne dépend pas directement de ma volonté d'avoir confiance : elle n'est pas le fruit d'une connaissance *objective ;* elle ne se fonde pas sur des standards quantifiables. D'un point de vue cognitif, je m'aperçois qu'une personne est digne de confiance. Elle me semble sérieuse, fiable, cohérente. J'ai observé comment elle se conduit avec les autres. À partir de son comportement, je peux tirer des conclusions, extrapoler et faire des suppositions concernant son comportement futur. Avec elle, je peux *oser la confiance* parce que je la connais. Mais pour oser cette confiance, il faut qu'intervienne une autre composante que la dimension purement cognitive : il faut que je puisse me sentir bien avec cette personne ; il faut que j'accepte de « sauter » sans savoir si elle sera là pour me prendre dans ses bras…

De même qu'elle ne peut pas être exigée, la confiance ne se décrète pas. On fait confiance ou pas, avec des degrés variés de conscience : « Quand je fais confiance à quelqu'un, je dépends de sa bonne volonté à mon égard. Je n'ai besoin ni de la reconnaître ni de croire que quelqu'un l'ait sollicitée ou reconnue, car il y a des choses comme la confiance inconsciente, la confiance non voulue, ou encore la confiance dont celui en qui on a confiance n'est pas conscient[1]. » Je peux, par exemple, me rendre compte que je commence à faire confiance à une personne, certes fiable sur un certain nombre de points, mais qui pour autant n'a rien fait pour susciter cette confiance plus générale de ma part. Lorsque je choisis mon éditeur, par exemple, je le choisis sur la base de certains éléments qui me poussent à « compter sur lui » en tant qu'éditeur. Il a déjà lu un premier manuscrit que je lui ai soumis et il m'a donné de très bons conseils. Lorsque mon livre est paru, il s'en est occupé avec enthousiasme, a tout fait pour qu'on en parle dans la presse, etc. J'ai donc raison de lui faire confiance pour mon prochain livre. Mais ai-je raison lorsque je commence à lui faire confiance dans d'autres domaines, lorsque je lui parle de ma vie privée et que je me rends vulnérable en lui confiant mes espoirs et mes peurs ? Probablement est-ce une erreur de mélanger ma vie privée et ma vie professionnelle. Mais au fur et à mesure que je le fréquente, la confiance se développe sans que je sache réellement pourquoi. Avec le risque, plus ou moins assumé de ma part, qu'un jour ou l'autre il me trahisse. Alors que, si j'avais simplement continué à compter sur lui en tant qu'éditeur, il aurait juste pu me décevoir…

Lorsqu'on parle de confiance, il en va souvent comme dans le domaine de la connaissance, où nous avançons à tâtons : « Chaque pas peut reposer sur un acte de tâtonnement qui excède originellement la

1. Annette Baier, « Trust and Anti-Trust », *op. cit.*, p. 235.

compréhension de l'agent et dont il n'a été conscient que de façon subsidiaire[1]. » Ainsi, il se peut que je ne puisse pas expliquer les raisons que j'ai de faire confiance à quelqu'un et que je n'en prenne conscience que plus tard, s'il arrive quelque chose qui déçoive mes attentes.

Dans *La Logique de Port-Royal*, Arnauld explique qu'il y a deux voies qui nous font croire qu'une chose est vraie : « La première est la connaissance que nous en avons par nous-mêmes, pour en avoir reconnu et recherché la vérité, soit par nos sens, soit par notre raison [...]. L'autre voie est l'autorité des personnes dignes de confiance qui nous assurent qu'une chose est, quoique par nous-mêmes nous n'en sachions rien ; ce qui s'appelle foi ou croyance[2]. » Le problème majeur de la connaissance est ainsi posé de façon originale dès le XVIIe siècle. Car, si c'est à partir de la Renaissance qu'on commence à remettre en question les représentations du monde et de l'homme héritées d'Aristote puis des scolastiques chrétiens –, c'est au Grand Siècle que l'expérience et l'observation prennent le pas sur le dogmatisme. La connaissance ne peut s'appuyer que sur la puissance d'un raisonnement fondé sur l'expérience. En même temps, peut-on réellement avoir accès aux raisonnements sans une confiance préalable dans le témoignage des autres, comme le soulignera un siècle

1. Michael Polanyi, *Personal Knowledge. Towards a Post-Critical Philosophy*, Chicago, University of Chicago Press, 1962, p. 63.
2. Antoine Arnauld, *La Logique de Port-Royal*, Paris, 1878, IV, XII.

plus tard le philosophe anglais Thomas Reid[1], et comme le répétera ensuite Wittgenstein ? « J'ai appris une masse de choses, je les ai admises par confiance en l'autorité d'êtres humains », écrit ce dernier dans l'un de ses fragments posthumes[2]. Car au fond, dans l'apprentissage de chacun de nous, l'apport des autres reste toujours très important : ce sont les parents et ensuite les éducateurs qui nous apprennent un certain nombre de choses et qui influencent notre façon de raisonner et d'avancer dans la connaissance du monde et de nous-mêmes. Mais alors comment éviter d'être trompé ?

1. « La raison sent la nécessité d'emprunter au témoignage les lumières qu'elle ne trouve pas en elle-même, et de s'appuyer sur la raison des autres, toutes les fois qu'elle a conscience de sa propre faiblesse » (Thomas Reid, *Recherches sur l'entendement humain d'après les principes du sens commun, op. cit.*, p. 350).

2. Ludwig Wittgenstein, *De la certitude*, Paris, Gallimard, 1976, § 161, p. 61.

TROISIÈME PARTIE

L'oubli de soi

CHAPITRE 5

La tentation du sacrifice

> L'enfant apprend en croyant l'adulte. Le doute vient après la croyance.
>
> Wittgenstein, *De la certitude*

Parfois nous faisons confiance à quelqu'un sans savoir exactement pourquoi. C'est ce qu'explique Georg Simmel, lorsqu'il dit que la confiance ne peut se réduire à sa dimension *cognitive,* c'est-à-dire à la connaissance des raisons qui peuvent nous pousser à croire qu'il serait dans notre intérêt de faire confiance à quelqu'un. *Confiance* et *connaissance* ne coïncident pas. Au contraire. Le savoir parfait – comme l'ignorance totale – peut toujours se passer de la confiance : « Celui qui sait tout n'a pas besoin de faire confiance, celui qui ne sait rien ne peut raisonnablement même pas faire confiance[1]. » Si j'ai une très bonne connaissance d'une situation ou d'un événement, je n'ai pas besoin d'engager ma confiance : j'évalue les coûts et les bénéfices,

1. Georg Simmel, *Sociologie, op. cit.*, p. 355.

puis je décide de la conduite à tenir. La confiance n'intervient pas dans ce cas. De même, si je n'ai aucun élément pour comprendre les risques que je cours, la raison voudrait que je ne prenne pas de décisions qui pourraient s'avérer dommageables. Mais s'agissant de la confiance, ce qui relève de la connaissance objective ne suffit pas à expliquer ce qui demeure, en dépit de tout, un « saut dans l'inconnu ». Dans toute relation de confiance, en effet, on a tendance à « croire en quelqu'un » sans savoir exactement pourquoi : « On "croit" en une personne, explique Georg Simmel, sans que cette foi soit justifiée par les preuves que cette personne en est digne, et même, bien souvent, malgré la preuve du contraire[1]. » Le sociologue relie directement le concept de confiance à celui de foi. On croit en quelqu'un et on s'abandonne à lui, parfois « en toute sécurité[2] » comme à Dieu. Mais le moi peut-il réellement s'abandonner sans danger à un simple mortel ?

Le risque est grand de s'exposer à une déception profonde, comme le montre *À l'origine*, le beau film de Xavier Giannoli inspiré d'un fait divers survenu en 2002 dans le Nord-Ouest de la France. Dans cette région ravagée par le chômage et les délocalisations, arrive un jour un inconnu, taciturne et mystérieux. Il se fait passer pour un chef de chantier. C'est un véritable escroc, mais les gens ont tellement envie de croire qu'il s'agit de l'homme providentiel capable de relancer le chan-

1. *Ibid.*, p. 356.
2. Georg Simmel, *Philosophie de l'argent*, *op. cit.*, p. 197.

tier de l'autoroute que, peu à peu, tous lui font entièrement confiance. La construction d'un tronçon, jadis abandonné à la suite d'une protestation des écologistes, mobilise toute la population de la petite commune : élus, notables, chefs d'entreprises, ouvriers. Même lorsque des doutes commencent à planer sur l'identité de cet homme, on continue à croire en lui, *contre toute raison.* Jusqu'au moment où il faut se rendre à l'évidence : il ne s'agit que d'une grande illusion qui se termine avec l'arrestation de l'escroc. Dans le petit village de Saint-Marceau, lorsque l'arnaque est découverte, les gens sont stupéfaits. Personne n'avait mis en doute la bonne foi d'un homme si occupé et si compétent. Avec le chantier, c'était une ère de prospérité qui s'annonçait à nouveau. Les habitants avaient eu tellement envie d'y croire, que personne n'avait réellement cherché à savoir s'il était ou non raisonnable de faire confiance à cet homme. La foi l'avait emporté sur la raison…

Il n'est pas sans intérêt de rappeler que la confiance a souvent été définie comme un sentiment spontané et irrationnel. Hobbes, par exemple, la définit comme « une passion produite par la croyance ou la foi que nous avons en celui de qui nous attendons ou nous espérons du bien ; elle est si dégagée d'incertitude que dans cette croyance nous ne prenons point d'autre route pour obtenir ce bien[1] ». Faire confiance serait, pour le philosophe anglais, transmettre des pouvoirs

1. Thomas Hobbes, *Les Éléments du droit naturel et politique* (1640), Lyon, L'Hermès, 1977, I, IX, § 9.

discrétionnaires au dépositaire de la confiance, sans lui demander ensuite de comptes sur la manière dont il s'est acquitté de l'engagement pris. De ce point de vue, Hobbes reste à l'intérieur du modèle théologico-politique traditionnel, qui identifie la confiance à la foi : pour que le souverain puisse remplir son rôle, son pouvoir doit être absolu et les sujets ne peuvent lui retirer leur confiance, même s'ils se rendent compte qu'il en a abusé. Le pacte entre le souverain et ses sujets, tel qu'il est envisagé par Hobbes, contient en lui-même la garantie de son effectivité : le pouvoir du souverain est sans limites ; le souverain ne peut jamais être déposé. Même si celui-ci est un tyran et si leur protection n'est pas assurée, les sujets ne peuvent rien contre le souverain. En cela la conception hobbesienne de la confiance est plus radicale que celle des théologiens du Moyen Âge. Pour ces derniers, les rois peuvent toujours abuser de leur pouvoir et l'utiliser de façon tyrannique, car ce ne sont que des hommes. Ce qui conduit saint Thomas à justifier, dans certains cas particuliers, le recours au tyrannicide : le meurtre d'un prince est légitime lorsque celui-ci gouverne contre le bien de la société et dans son seul intérêt[1]. Seul Dieu, pour les théologiens, est digne d'une confiance totale. Faut-il pour autant s'abandonner complètement à lui ?

1. Thomas d'Aquin, *Somme théologique, op. cit.*, I *s.*, d 44, q. 2, a2.

Une croyance dégagée de tout souci

Aujourd'hui, il n'est pas rare de croiser des militants charismatiques qui prônent une foi absolue, dégagée de tout souci, comme si Dieu pouvait (et devait) se charger complètement de leur existence. « Faire confiance au Seigneur, c'est ce qui peut nous arriver de mieux. Les solutions se présentent d'elles-mêmes », écrit l'un d'entre eux sur un forum de discussion. Certains charismatiques en arrivent à penser que la prière pourra résoudre à leur place non seulement leurs problèmes matériels, par exemple celui du chômage, mais aussi leurs problèmes de santé. Qu'il s'agisse d'une grippe, d'une tuberculose ou d'une addiction, il faut s'en remettre à la volonté de Dieu. Je me souviens encore de mon étonnement lorsqu'un jour, me voyant fumer à la sortie d'une conférence, une personne s'approcha de moi en me disant qu'elle allait prier pour que je me libère de cette terrible dépendance. Stupeur… Je sais parfaitement que fumer est une très mauvaise habitude. Mais je sais aussi que, tant que je n'aurai pas décidé de tout mettre en œuvre pour arrêter, peut-être en me faisant aider par quelqu'un, aucune intervention, même divine, ne pourra résoudre mon problème à ma place… Mais peu importe, ici, mon rapport personnel aux cigarettes et à la foi. Ce qui pose, me semble-t-il, un véritable problème concernant la confiance est l'attitude de ce genre de personnes.

Comment peut-on imaginer que la confiance totale en Dieu peut nous exonérer de nos propres responsabilités ?

Nés dans les années 1960 aux États-Unis, les mouvements charismatiques visent à redonner vigueur, comme au temps des premiers chrétiens, aux « charismes personnels », c'est-à-dire aux dons que chacun est censé avoir reçus au moment de sa naissance (prophétie, glossolalie, guérison, etc.). Aujourd'hui, ils comptent des centaines de milliers de fidèles dans le monde entier. En s'appuyant sur une « croyance populaire » qui est censée faire « chanter », quoique sans langage, et « guérir » de toute souffrance, ils attirent nombre de ceux qui se sentent trahis par une société trop individualiste et égoïste. C'est une forme d'abandon total à Dieu, dans l'espoir que les problèmes rencontrés dans la vie pourront un jour disparaître, comme par magie…

Aucun argument rationnel n'a jamais convaincu quiconque de croire. C'est par un « saut périlleux » que l'on passe du côté de la croyance. Et quand on parle de foi, il s'agit d'une décision qui engage toute l'existence et qui implique un acte d'abandon à Dieu. Pourtant, comme l'écrivait un jésuite du XVIIe siècle, on ne peut attendre que Dieu agisse à notre place : « Confie-toi à Dieu comme si le succès des choses dépendait entièrement de toi et en rien de Dieu ; donne-toi cependant pleinement à l'œuvre comme si tu ne devais rien faire, et Dieu seul toute chose. » Dans les *Exercices spirituels* de saint Ignace, une formule revient plusieurs fois : « Demander à Dieu ce que je souhaite et désire. » Le saint suppose, donc, que celui qui prie Dieu n'est pas dépourvu de désirs. Même si, pour un croyant, le désir doit pouvoir se laisser éclairer et transformer par l'amour de Dieu, personne ne doit pour autant renoncer à son désir individuel. Pour un croyant, on peut tout demander à Dieu : la confiance en sa bienveillance doit pouvoir aller jusque-là, car Dieu écoute toujours les prières de ses fidèles. Mais la confiance n'exonère personne de l'action. L'effort individuel et la recherche de solutions restent, chaque fois que c'est possible, indispensables. Les obstacles ne sont pas magiquement supprimés, même si Dieu est seul digne d'une confiance absolue.

Une présence indéfectible

Comme le dit le prophète Jérémie : « Maudit l'homme qui compte sur des mortels » (17, 5), car « des lèvres, on offre la paix à son compagnon, mais dans le cœur, on lui prépare un guet-apens » (9, 7). L'ordre divin révélé dans la Bible s'organise autour d'une idée centrale : l'alliance de Dieu avec son peuple. Cette Alliance, pour le croyant, se fonde sur une double contrainte : la fidélité de Dieu *et* la confiance des hommes. Tout fonctionne selon un schéma simple et compliqué à la fois : croire, c'est avoir confiance en Dieu et le savoir totalement fiable ; le savoir fiable, c'est jouir d'une assurance totale ; jouir d'une assurance totale, finalement, c'est apprendre soi-même à devenir digne de confiance. C'est pourquoi, selon Thomas d'Aquin, la confiance ne peut être escomptée que chez ceux qui placent leur foi en Dieu. Il est le seul à en être suprêmement digne. Sa vérité et sa justice sont infinies[1]. C'est donc en s'appuyant sur lui qu'on peut soi-même devenir digne de confiance[2].

La fidélité de Dieu est liée à sa présence indéfectible auprès de son peuple. Yahvé est un « Dieu de tendresse et de pitié, lent à la colère, riche en grâce et en fidélité » (Ex 34, 6). Il représente un support stable et éternel sur lequel l'homme peut toujours s'appuyer. C'est lui qui engage directement la véracité de sa parole, dans l'élection d'Abraham et dans la loi de l'Alliance énoncée par Moïse. C'est pourquoi l'homme peut avoir confiance et se laisser aller au bonheur : « Heureux est l'homme, celui-là / qui met en Yahvé sa foi, / ne tourne pas du côté des rebelles / égarés dans le mensonge ! » (Ps 40, 5). Mais si Dieu est totalement fiable, l'homme ne l'est pas. Ce n'est pas un hasard si, dans la Bible, lorsqu'il est question des hommes et de leur fiabilité, les récits qui se succèdent sont toujours des histoires de trahison : Caïn et Abel, Jacob et Ésaü, Joseph vendu par ses frères, le culte du veau d'or à l'insu de Moïse... Le peuple d'Israël lui-même, dans son rapport à Dieu, est souvent « infidèle » : même s'il « revient », il transgresse

1. « Alors je vis le ciel ouvert, et voici un cheval blanc ; celui qui le monte s'appelle Fidèle et Vrai, il juge et fait la guerre avec justice » (Ap 19, 11).

2. Thomas d'Aquin, *Somme théologique, op. cit.*, II-IIae, 4, 7.

l'Alliance ; c'est toujours Dieu qui pardonne et guérit son peuple de son infidélité :

> Mon peuple est cramponné à son infidélité.
> On les appelle en haut,
> Pas un qui se relève ! [...]
> Mon cœur en moi est bouleversé,
> Toutes mes entrailles frémissent.
> Je ne donnerai pas cours à l'ardeur de la colère,
> Je ne détruirai pas à nouveau Éphraïm
> Car je suis Dieu et non pas homme,
> Au milieu de toi je suis le Saint,
> Et je ne viendrai pas avec fureur[1]

C'est pourquoi les Prophètes exhortent les hommes à mettre leur confiance uniquement en Dieu. Mais jusqu'où doivent-ils aller dans cet abandon à Dieu et à sa bienveillance ?

Les chevaliers de la foi

Le « sacrifice d'Abraham » est l'épisode de la Bible où les liens entre la confiance de l'homme en Dieu et la fiabilité totale de ce dernier apparaissent d'une manière particulièrement éclairante. La foi d'Abraham est telle que le patriarche n'hésite jamais à obéir à Dieu. Même lorsqu'il lui demande d'accomplir le sacrifice extrême : celui de tuer son fils unique, Isaac.

1. Os, 11, 7-9.

Abraham s'y résout car il a confiance en Dieu. C'est une confiance « contre toute raison[1] » ; une confiance tellement absolue qu'elle paraît déraisonnable. Mais Abraham est certain que Dieu, en dépit de toutes les épreuves auxquelles il le soumet, veillera sur lui, quoi qu'il arrive, et qu'il restera à jamais garant de son bonheur. C'est pourquoi Kierkegaard en fait l'exemple par excellence de l'homme capable de vivre en rapport avec l'absolu[2]. En cela, l'histoire biblique n'a rien de commun avec les sacrifices que les Anciens offraient aux dieux de l'Olympe.

On connaît l'histoire d'Iphigénie. Racontée par Eschyle et Euripide, elle est utilisée par Lucrèce, dans le *De Rerum Natura*, pour dénoncer les actes criminels que les Anciens ont parfois justifiés au nom de la foi. Selon la légende grecque, Agamemnon fait venir sa fille Iphigénie à Aulis, sous prétexte de la marier à Achille. Son but, cependant, est tout autre. Les dieux lui ont ordonné de sacrifier sa fille pour permettre aux navires grecs de prendre le large et de partir en guerre contre Troie. Le récit que Lucrèce fait du sacrifice s'apparente à un tableau vivant : croyant être apprêtée pour ses noces, la jeune femme découvre progressivement ce qui l'attend. L'affliction de son père, le couteau dissimulé, les larmes de l'assistance commencent à

1. Vladimir Jankélévitch, *Les Vertus et l'Amour*, Paris, Flammarion, 1986, t. 1, p. 145.

2. Sören Kierkegaard, *Crainte et tremblement* (1843), Paris, Payot & Rivages, 2000, p. 45.

l'alerter sur son sort. Mais au nom du bien général, c'est-à-dire pour assurer aux Achéens un vent favorable jusqu'à Ilion, Agamemnon ne renonce pas au sacrifice. C'est le déchirement intérieur entre l'amour qu'il éprouve pour sa fille et son devoir de roi qui en fait un héros tragique. L'obéissance aux dieux le conduit au crime. Comme tous les héros des tragédies grecques, Agamemnon croit accomplir son devoir. Son obéissance ne dépend pas tant de la foi, car il n'a aucune confiance en la bonté divine, que de l'obéissance aveugle. N'étant pas maître de son destin, il doit se soumettre aux forces extérieures qui dirigent l'univers et les hommes. Même lorsqu'il se révolte et se met en colère contre les dieux, il accepte de se conformer au *fatum*, le destin.

À la différence des sacrifices classiques offerts aux dieux de l'Olympe, celui demandé par Dieu à Abraham n'aura jamais lieu. Il ne s'agit, pour Dieu, que de tester la foi du patriarche. À aucun moment il n'est question d'un échange de services : Dieu ne demande pas à Abraham de sacrifier son fils pour le bien de son peuple. Abraham n'est pas soumis au destin ou à des forces supérieures qui le dirigent. C'est sa confiance totale en Dieu qui lui donne la certitude que, tout en levant son poignard sur son fils, celui-ci ne mourra pas.

Abraham sait que Dieu ne lui a jamais menti. Il a toujours tenu ses promesses. Son histoire le lui a prouvé à plusieurs reprises : après avoir quitté la terre de ses ancêtres pour le pays de Canaan, Abraham a déjà été témoin de la loyauté de Dieu et de la véracité de ses promesses. Il est convaincu que Dieu le sauvera encore de cette épreuve. Son obéissance est un véritable acte de foi. C'est pourquoi, face à la requête de Dieu, Abraham n'hésite pas et prend avec lui son fils pour se rendre sur la montagne où doit avoir lieu le sacrifice. Il prépare le feu et le couteau. C'est alors qu'Isaac lui demande où est l'agneau qui doit être sacrifié. « C'est Dieu qui pourvoira à l'agneau pour l'holocauste », lui répond Abraham confiant. Et c'est justement lorsque ce dernier saisit le couteau pour sacrifier son fils, qu'un bélier apparaît et que l'Ange de Yahvé intervient pour l'arrêter : « N'étends pas la main contre l'enfant ! dit l'Ange. Ne lui fais aucun mal ! Je sais maintenant que tu crains Dieu » (Gn 22, 12).

Dans son livre sur Freud et la Bible, la psychanalyste Marie Balmary insiste à plusieurs reprises sur ce « sacrifice interdit ». Dieu n'est pas une instance perverse qui demande le sacrifice et la souffrance de ses fidèles. C'est pourquoi le moment fort du récit d'Abraham est représenté par cette interdiction du sacrifice et non pas par la demande de Dieu au patriarche de lui offrir son fils. La loi qui « institue l'humain dans son humanité » – représentée par l'interdiction de lever la main sur Isaac – prime sur la parfaite obéissance d'Abraham à l'ordre divin[1]. Mais revenons quelques instants sur cette confiance totale d'Abraham en Dieu.

Lorsque le patriarche dit à son fils que Dieu pourvoira à l'agneau pour le sacrifice, il est sûr de lui. Sa

1. Marie Balmary, *Le Sacrifice interdit*, Paris, Grasset, 1986, chap. VIII.

certitude est le fruit d'une foi inébranlable. Celle-ci le rend certain de la fidélité de Dieu envers lui et se mue progressivement en confiance aveugle. Durant tout son voyage, Abraham ne cesse pas de croire que Dieu n'exigera pas de lui le sacrifice d'Isaac; « en vertu de l'absurde », il croit que Dieu veut son bien ; il s'abandonne à Dieu grâce à sa propre foi « puisqu'il ne saurait s'agir ici de calcul humain[1] ». C'est pourquoi Kierkegaard choisit l'exemple d'Abraham pour affirmer la dignité de la foi. Face au sentiment de défiance généralisée, qui conduit ses contemporains à ne se fier qu'à la froide raison, le philosophe oppose la confiance en Dieu qui pousse le croyant à s'abandonner à la Providence. « De nos jours, on ne s'arrête plus à la foi : on va outre », écrit Kierkegaard en songeant au système philosophique hégélien qui, dans son souci de rationalité, n'arrive plus à penser l'individu dans sa singularité. La philosophie moderne, pour Kierkegaard, a progressivement substitué le calcul à l'abandon. Elle privilégie l'immédiat, c'est-à-dire tout ce que l'on voit immédiatement, par rapport à la foi. Il n'y a pourtant que les « chevaliers de la foi » qui peuvent ne pas désespérer et ne pas sombrer dans le vide sans fond de la méfiance et du soupçon : « Avec la foi, je ne renonce à rien, au contraire, par elle je reçois tout, je le reçois au sens où il est écrit que celui qui a la foi comme un grain de moutarde peut déplacer les montagnes[2]. » La foi se dérobe par essence à tout examen et repose sur la certi-

1. Sören Kierkegaard, *Crainte et tremblement, op. cit.*, p. 80.
2. *Ibid.*, p. 99.

tude que Dieu ne trahira jamais la confiance dont il est le seul et légitime dépositaire. Ce modèle de confiance bâti sur la foi peut-il pour autant servir à fonder les relations humaines ?

Confiance subversive

La confiance aveugle peut s'avérer fatale. Dans son analyse du rapport entre « tradition » et « âge moderne », Hannah Arendt établit un lien entre Kierkegaard et *L'Idiot* de Dostoïevski[1]. Pour Arendt, le projet de Dostoïevski de peindre « la pure foi » à travers le personnage du prince Muichkine, l'« idiot », qui fait confiance d'emblée à tout le monde, traduit en termes ambigus la volonté de Kierkegaard d'affirmer le bonheur de la foi. « Le prince, écrit Dostoïevski, avait un trait particulier qui se traduisait par l'extraordinaire naïveté de l'attention avec laquelle il écoutait toujours ce qui l'intéressait et par celle des réponses qu'il donnait lorsqu'on le questionnait à cette occasion. Cette naïveté, cette confiance [...] ne soupçonnait ni moquerie ni humour[2]. » Que veut exactement nous dire Arendt ? Indéniablement, il existe un « pouvoir subversif » de la confiance : autrement dit, la confiance des uns aurait le pouvoir d'engendrer la fidélité et la loyauté des autres. À partir

1. Hannah Arendt, « La tradition et l'âge moderne », in *La Crise de la culture, op. cit.*, p. 43 et suiv.
2. Fédor Dostoïevski, *L'Idiot,* Paris, Le Livre de Poche, 1994, III, 1, p. 492.

du moment où l'on fait confiance à quelqu'un et où l'on parie sur lui, celui qui reçoit ce don ne peut que se sentir investi du devoir de se montrer digne de la confiance reçue[1]. On parle alors du cercle vertueux de la confiance. La confiance ne serait pas la conséquence *a posteriori* de la fidélité. Elle serait, au contraire, sa condition : « Infondée elle-même, elle fonde la bonne foi du partenaire ; insensée, elle justifie la fidélité et la rend raisonnable après coup[2]. » C'est au fond la leçon qu'on peut tirer du chef-d'œuvre de Victor Hugo, *Les Misérables.* Mais ne s'agit-il pas d'une leçon un peu simpliste ?

Dans *Les Misérables,* Jean Valjean est un ancien forçat. Il est resté dix-neuf ans au bagne – cinq pour avoir volé un pain, quatorze pour avoir tenté de s'évader quatre fois. Il a tout pour retomber dans la délinquance à sa sortie du bagne. Mais la confiance de Mgr Mihiel, qui l'accueille chez lui un soir d'errance et qui le laisse partir avec ses couverts et ses candélabres en argent, bouleverse totalement la psychologie de Jean Valjean. Cette « âme qui s'était desséchée de plus en plus, lentement mais fatalement » s'ouvre au monde qui lui a fait confiance. Il sera marqué par les paroles de l'évêque : « N'oubliez jamais que vous m'avez promis d'employer cet argent à devenir honnête homme [...]. Jean Valjean, mon frère, vous n'appartenez plus au mal, mais au bien. » Grâce à la confiance de l'évêque,

1. Gloria Origgi, *Qu'est-ce que la confiance ?,* Paris, Vrin, 2008.
2. Vladimir Jankélévitch, *Les Vertus et l'Amour, op. cit.*, p. 145.

Jean Valjean change de vie et devient vertueux. La confiance reçue engendre la fidélité et la vertu.

Dans le cas de *L'Idiot*, cependant, les choses ne sont pas aussi simples. Le mécanisme d'autoréalisation de la confiance, c'est-à-dire le fait qu'en faisant confiance j'augmente les chances de voir l'autre me faire confiance à son tour, ne fonctionne pas de façon automatique. Au contraire. Dans *L'Idiot*, la confiance du prince ne laisse personne indifférent, mais elle ne suffit pas à changer l'ordre des choses. Elle engendre, en revanche, le chaos et, à la fin du roman, elle se révèle dévastatrice.

Le but de Dostoïevski est d'arriver à représenter un « homme parfaitement pur ». Il s'agit pour lui de construire une figure aux traits christiques, un personnage emblématique et héroïque. Mais le prince devient progressivement le bouc émissaire d'un monde corrompu qui, en dépit de tous ses efforts, reste féroce. Muichkine est un homme simple et malade, considéré depuis son enfance comme un « idiot ». C'est dans un wagon de chemin de fer de troisième classe qu'on le voit apparaître pour la première fois. Il retourne en Russie après un long séjour en Suisse, où il a passé plusieurs années pour soigner son épilepsie. En contact avec la nature et les enfants, il a appris à porter sur les gens un regard sincère et authentique.

Sans rien connaître au monde, Muichkine arrive à établir un contact intérieur avec ses interlocuteurs. Chaque fois, il dépasse la méfiance dont il est l'objet : Rogojine, le fils d'un riche marchand, lui confesse sa passion pour Nastassia ; la famille du général Épantchine l'adopte sans réserves ; Aglaé, la cadette du général, tombe sous son charme. Le prince va au-delà des apparences et arrive à saisir ce qu'il y a de mieux chez les autres. Il se montre confiant vis-à-vis de tout le monde, même à l'égard de Nastassia Philippovna, malgré sa réputation sulfureuse et ses airs méprisants. Muichkine croit en elle : pour le prince, Nastassia est une personne sensible ; elle n'est pas la femme qu'elle a pris l'habitude de montrer. Le regard du prince est clairvoyant : « De toute ma vie, il est la première personne en qui j'ai cru comme en quelqu'un qui m'est entièrement dévoué, dira Nastassia. Il a cru en moi dès son premier regard, et moi j'ai foi en lui[1]. » Bouleversée par l'attitude de l'« idiot », la jeune femme commence alors à changer de comportement et, pour honorer la confiance du prince, elle redécouvre sa véritable nature. Mais c'est aussi à cause de cette confiance aveugle que l'échec s'inscrit dans le destin de l'« idiot ». Comment, en effet, Muichkine peut-il encore avoir foi en Nastassia, après avoir compris qu'elle est « folle » ? Comment croire en Rogojine après l'avoir vu lever la main sur lui et tenté de l'assassiner ?

Le roman se termine en tragédie : Nastassia sera tuée par Rogojine, Aglaé épousera un aventurier polonais et Muichkine repartira pour la Suisse, après avoir de nouveau sombré dans la folie. L'idéalisme du prince n'a pas pu sauver le monde. Comme le dira le fiancé de la sœur

1. Fédor Dostoïevski, *L'Idiot, op. cit.*, I, 14, p. 228.

d'Aglaé : « Mon cher prince, il n'est guère facile de réaliser le paradis sur terre ; or, vous comptez tout de même un peu sur le paradis ; le paradis est une chose bien plus difficile qu'il n'apparaît à votre excellent cœur[1]. » Le véritable tournant du livre est la scène de la soirée donnée par la famille Épantchine, qui anticipe symboliquement la tragédie finale. Le prince se laisse séduire par les nobles dignitaires russes qui l'entourent. Plein de bons sentiments, il n'arrive plus à distinguer la réalité de l'apparence : il croit être en présence de gens qui s'apprécient et qui s'aiment ; il pense que tout le monde est sincère et honnête. En prenant la parole et en se laissant aller à un éloge sans fin du Christ russe, il casse un vase précieux et, immédiatement après, tombe par terre foudroyé par l'épilepsie. Incapable désormais de se maîtriser, il se ridiculise devant tout le monde et reste lui-même « brisé » par la vie, à l'image du vase. Son « trop-plein » de confiance se retourne inexorablement contre lui et contre ceux qui lui étaient devenus fidèles.

Si la confiance demande un *saut dans l'inconnu*, elle ne peut être un *saut dans l'abîme*, une foi aveugle comme celle de *L'Idiot*. S'il est important de croire aux autres en dépassant le stade du simple calcul rationnel pour faire en sorte que la vie puisse nous surprendre et nous faire découvrir des aspects de la réalité que nous ne connaissons pas encore, la confiance ne peut faire l'économie du réel et de ses contraintes. Il arrive tou-

1. *Ibid.*, III, 1, p. 498.

jours un moment où, pour que la confiance ne soit pas un vain mot, il faut s'interroger sur la fiabilité des autres. Si l'on ne veut pas connaître les déconvenues du prince de Dostoïevski, on ne doit jamais oublier de prendre en compte le fonctionnement de la société et la complexité de la nature humaine. C'est une chose, en effet, de faire confiance à quelqu'un en espérant qu'il ne me trahisse pas ; c'en est une autre de penser que le simple fait d'accorder ma confiance à autrui implique que celui-ci en fasse de même à mon endroit : les incertitudes de la vie et les défaillances de l'homme n'engendrent pas des relations sûres, sur la base d'un modèle *donnant-donnant*. Lorsque je fais confiance à quelqu'un, je dépends de sa bonne volonté ; celui-ci peut soit s'engager avec bienveillance vis-à-vis de moi, soit, au contraire, me décevoir et me trahir.

Un dicton populaire dit que l'amour, en tant que tel, n'existe pas et qu'il n'y a que des preuves d'amour. C'est peut-être excessif. Le fait de ne s'en tenir qu'aux preuves est parfois la preuve même d'un manque d'amour. Je peux, par exemple, accomplir un certain nombre de gestes affectueux à l'égard d'une personne, même lorsque mes sentiments ont changé et que je n'aime plus cette personne. Les raisons de mes gestes peuvent être multiples. Je peux rester attentionné car je peux ne pas vouloir blesser quelqu'un que j'ai aimé profondément dans le passé. Je peux, tout simplement, chercher à respecter mes engagements et mes promesses. Mais peut-on, dans ces cas, parler encore d'amour ? Rien n'est moins sûr. Car lorsqu'on aime, on agit sans s'interroger sur les raisons pour lesquelles on accomplit certains gestes. On aime. Tout simplement. Que serait, cependant, un amour sans aucune preuve, sinon une illusion ? À force de croire que l'autre nous aime, même en l'absence de tout geste et de toute preuve d'amour, on finit progressivement par oublier que l'amour n'est pas juste un mot et qu'il demande aussi des efforts.

Il en va de même dans le cas de la confiance. Si je ne peux faire confiance qu'à partir d'un certain nombre de preuves, je montre mon incapacité à m'en remettre à autrui. Mais si je fais confiance d'emblée ? Puis-je imaginer que cela suffise à empêcher l'autre de me trahir ? Une confiance absolue et injustifiée peut même encourager la trahison. Quelqu'un qui n'a rien demandé peut recevoir en effet cette confiance comme un cadeau empoisonné et ne pas supporter le poids d'une demande qu'il peut ressentir comme démesurée. Le film de Gabriele Muccino, *Juste un baiser*, nous le montre. Francesca est une adolescente rêveuse et pleine de vie. Lorsqu'elle tombe amoureuse de Carlo, elle n'hésite pas à faire confiance à cet homme avant même de le connaître. Or, ce trentenaire est en crise. Sa fiancée est enceinte et il craint de ne pas être capable d'assumer son rôle de mari et de père. S'il se laisse séduire par la jeunesse et la naïveté de Francesca, cette aventure est au départ pour lui sans lendemain. Mais en ne prenant pas le temps de connaître réellement Carlo à qui elle s'est abandonnée sans réserve, Francesca précipite leur rupture. Sa confiance aveugle se retourne contre elle.

L'apprentissage du bien-être

En expliquant le processus d'apprentissage de la confiance, le sociologue Niklas Luhmann montre qu'il existe deux types de confiance : celle immotivée et aveugle des enfants et celle moins naïve des adultes. « Lorsque l'enfant a constitué son soi propre dans la différence entre le Je et le Tu, explique le sociologue, il doit désapprendre son premier type de confiance, qui est pratiquement sans motivation, et trouver une forme de confiance qui tienne compte de cette différenciation[1]. » Pour quitter le monde de l'enfance et devenir adulte, chacun doit pouvoir se détacher de ses parents, rompre le lien fusionnel qui le lie à eux et s'autonomiser, en apprenant à faire confiance sans pour autant s'abandonner complètement à autrui. L'accès au statut de « sujet » passe par la reconnaissance non seulement de ses propres limites, mais aussi des limites de l'autre : ceux qui nous aiment ne sont pas tout-puissants ; ils ne peuvent pas être toujours là ; leur fiabilité n'est pas totale. Mais comment accéder à une autre forme de confiance ? Pourquoi la constitution d'un moi autonome doit-elle passer par le renoncement à la confiance immotivée de l'enfant ?

Chez l'adulte il y a une trace, toujours présente et difficile à effacer, de cette confiance-abandon. Elle se

1. Niklas Luhmann, *La Confiance, op. cit.*, p. 31.

réveille parfois quand nous tombons amoureux et que nous avons le sentiment de retrouver l'objet perdu de notre premier amour[1]. Le problème consiste alors à bricoler avec ces traces de confiance-abandon qui renvoient au monde de l'enfance, sans pour autant y replonger. En effet, attendre que les autres honorent toujours la confiance qu'on peut leur faire signifie oublier que la confiance donnée nous place dans un état de vulnérabilité : chacun répond selon ses inclinations, ses intérêts et ses capacités ; et la réponse peut varier selon les circonstances. Pour autant, ne rien attendre des autres sans jamais leur faire confiance revient à renoncer à toute possibilité de lien affectif. Cela signifie vivre dans l'illusion que l'on puisse faire l'économie de la dépendance et de la fragilité.

Je me souviens encore des propos d'un collègue à la fin d'un colloque. Après une journée plutôt chargée, je n'avais pas trop envie de faire la conversation. Je me bornais à sourire et à regarder de temps en temps ma montre, en espérant pouvoir vite rentrer à l'hôtel. À un certain moment, j'entends quelqu'un prononcer le mot « confiance ». Je me réveille soudain de ma torpeur. « Moi, je fais toujours confiance aux autres. Comment créer du lien si l'on attend toujours d'avoir des preuves de confiance ? » Sans trop y réfléchir, j'acquiesce. Il faut bien que quelqu'un décide de faire

1. « Trouver l'objet sexuel n'est, en somme, que le retrouver » (Sigmund Freud, *Trois essais sur la théorie de la sexualité* [1905], Paris, Gallimard, 1987, III, 5).

confiance à l'autre pour qu'une relation débute. Il paraît raisonnable de permettre à autrui de montrer quel genre de personne il est, s'il va s'avérer digne de la confiance qu'on lui fait, s'il va à son tour faire confiance aux autres. Mais le collègue n'a pas encore terminé son raisonnement et, sans trop se soucier des réactions des autres convives, il ajoute : « Celui qui se méfie ou qui est soupçonneux prouve avant tout son manque de confiance en lui. Si l'autre n'est pas à la hauteur de la confiance que je lui fais, tant pis pour lui ! Moi, je ne perds rien à avoir voulu créer du lien. » Je commence à ne plus être sûre de comprendre exactement ses propos. Quel rapport établit-il entre la confiance en soi et la confiance en l'autre ?

Certes, il faut un minimum de confiance en soi pour accepter de se mettre dans une position de dépendance et de vulnérabilité à l'égard d'une autre personne. Mais quel genre de confiance puis-je avoir en quelqu'un si je pars du présupposé que sa trahison éventuelle ne va pas avoir de conséquences pour moi ? J'essaie alors d'expliquer au collègue mon point de vue. Je lui parle de la fragilité dans laquelle nous nous trouvons, dès lors que nous faisons confiance à quelqu'un. Je lui dis que c'est justement parce que nous faisons confiance que nous pouvons être déçus. Parfois on peut faire confiance par naïveté, parce qu'on a tendance à « idéaliser » les autres. Parfois on peut faire confiance parce qu'on se sent suffisamment fort pour supporter une éventuelle trahison. Mais le collègue ne veut rien entendre. Faire confiance, pour lui, ne coûte rien. Il est tellement sûr de lui que je finis par me taire. Je ne peux cependant m'empêcher de penser à ce que le psychiatre Christophe André a écrit à propos des personnes « à haute estime de soi » qui cherchent à tout mettre en œuvre pour cacher leur propre vulnérabilité. Ce collègue parlait, certes, de confiance, mais où est la confiance en soi si, face à la contradiction, il se crispe et refuse d'entendre ? De quel genre de confiance en l'autre s'agit-il s'il pense réellement que la trahison éventuelle d'autrui ne peut pas l'atteindre ?

La première expérience qu'un être humain a de la confiance naît dans la petite enfance, lorsque le nourrisson se trouve, par rapport aux adultes, dans un état de dépendance totale. À la naissance, en effet, l'enfant dépend complètement des autres et il n'a aucune protection : il ne peut se prendre en charge tout seul ; pour survivre, il a besoin non seulement des soins, mais aussi de l'amour de ceux qui s'occupent de lui. Confié à d'autres, il ne peut que s'abandonner à eux, leur faire confiance et les croire sur parole. C'est au contact des adultes, selon les attentions qu'il reçoit, qu'il développe des sentiments de bien-être ou de peur. Il s'en remet totalement aux adultes. Il est vulnérable et fragile, même s'il n'est pas encore conscient de sa vulnérabilité et du pouvoir que les adultes, dépositaires de sa confiance, peuvent exercer sur lui. C'est pourquoi la philosophe Annette Baier fait du rapport parents/enfants une sorte de prototype de toute relation humaine *asymétrique*, de toute relation dans laquelle je peux me retrouver dès lors que je fais confiance à quelqu'un. La confiance de l'enfant dans ses parents évoque non seulement « une forme de confiance non exprimée, acritique ou encore aveugle, mais aussi la confiance de tous ceux qui sont extrêmement vulnérables, qu'ils fassent ou non confiance[1] ». Mais, encore une fois, puis-je sortir de ce modèle de confiance sans pour autant renoncer définitivement à la possibilité de m'en remettre à quelqu'un ? Puis-je tout simplement éviter ce que Freud appelle la « répétition », c'est-à-dire ce qui pousse chacun à ne jamais renoncer totalement à ce qu'il a connu et à le revivre de façon quasi identique ? Celui qui a connu le bonheur de l'abandon total à autrui va-t-il réellement pouvoir chercher à connaître quelque chose d'autre ? Au contraire, celui qui a été blessé et trahi lorsqu'il était enfant pourra-t-il jamais faire confiance ?

Pour « désapprendre son premier type de confiance » et avoir accès à une confiance « non aveugle », l'enfant doit avoir la possibilité de découvrir peu à peu le sentiment d'être en sécurité même lorsque sa mère n'est pas avec lui, prête à intervenir à tout moment ; il doit pouvoir expérimenter la séparation et la solitude, tout en sachant que les retrouvailles suivent les séparations et que l'absence de sa mère n'est jamais définitive. Grâce aux allers-retours de ses parents, il peut alors comprendre ce que veut dire exister indépendamment d'eux ; ce que signifie pouvoir se faire confiance, même

1. Annette Baier, « Trust and Antitrust », *op. cit.*, p. 240.

si l'apprentissage de l'autonomie passe toujours par des échecs. C'est la coupure avec la mère qui rend possible l'émancipation d'un enfant et, par la suite, la découverte d'une autre forme de confiance en l'autre : une confiance qui ne coïnciderait pas avec l'abandon total et aveugle à autrui.

Mais pour que cette autre forme de confiance puisse voir le jour, il est nécessaire que les parents fassent à leur tour confiance à l'enfant, en l'encourageant dans ses mouvements et ses initiatives, sans l'inhiber et l'étouffer de conseils ou d'interdits. Pour cesser de tout attendre de l'autre, il faut qu'il puisse découvrir la nécessité et la possibilité de prendre soin de lui-même. Ce n'est que progressivement qu'un enfant comprend qu'il doit se protéger, qu'il doit veiller à sa sécurité, et qu'il en est capable. Si les parents sont toujours là, et que l'enfant grandit en attendant toujours qu'un autre s'occupe de lui, autonomie et confiance en soi peuvent difficilement se développer. Avec le risque que l'enfant reste à jamais prisonnier d'une relation fusionnelle avec sa mère.

Faire confiance à une personne implique toujours une certaine forme de dépendance à son égard. Il existe cependant une différence essentielle entre la confiance aveugle du nouveau-né et la confiance que l'on apprend à avoir en l'autre lorsqu'on a la possibilité de devenir autonome. Comme l'écrit Kant à propos de l'amitié, elle « est la pleine confiance que s'accordent deux personnes qui s'ouvrent réciproquement l'une à l'autre de leurs jugements secrets et de leurs impressions[1] ». C'est pourquoi elle permet souvent de se montrer tel qu'on est, sans fard. En même temps, « les hommes ont tous des faiblesses qu'ils doivent cacher même à leurs amis. Il ne peut y avoir de confiance complète qu'en matière d'intentions et de sentiments, mais la convenance nous commande de dissimuler certaines faiblesses[2] ». C'est une chose, en effet, de dépendre complètement de quelqu'un et de s'abandonner aveuglément à sa volonté et à sa bienveillance ; c'en est une autre d'accepter la vulnérabilité dans laquelle nous place le fait même d'avoir confiance en quelqu'un, tout en sachant que l'autre peut ne pas répondre à nos attentes, peut ne pas être là, peut aussi, parfois, tromper notre confiance.

C'est toute la différence entre les enfants et les adultes, s'il y a eu la possibilité, pour l'enfant, d'apprendre à exister *par* et *pour* lui-même. Mais c'est aussi la différence entre une conception de la confiance fondée sur le modèle de la foi et une conception de la confiance qui prend en compte le fait que les êtres humains ne sont pas totalement fiables. Transposer le modèle d'alliance entre Dieu et son peuple aux relations humaines est périlleux. On ne peut confondre ces deux ordres de réalité. La foi – c'est-à-dire la confiance absolue d'un croyant en un être totalement fiable – ne saurait être mise sur le même plan que la confiance en l'homme, avec ses failles et ses

---

1. Emmanuel Kant, *Métaphysique des mœurs, Doctrine de la vertu (1797)*, Paris, Vrin, 1980, I, II, 47.
2. Emmanuel Kant, *Leçons d'éthique (1775-1780)*, Paris, Le Livre de Poche, 1997, p. 347.

limites. Les hommes, dès lors qu'on leur accorde de la confiance, peuvent toujours profiter du pouvoir dont ils se trouvent de ce fait investis, et abuser de notre bonne foi.

CHAPITRE 6

L'instrumentalisation de la crédulité

> Dissimuler n'est rien d'autre que jeter un voile fait de ténèbres honnêtes et de bienséances violentes, ce qui n'engendre pas le faux, mais qui concède quelque repos au vrai, que l'on pourra montrer en son heure.
>
> Torquato Accetto, *De l'honnête dissimulation*

Lorsqu'en 2005 il entame sa tournée promotion de *La Guerre des mondes*, Tom Cruise est une des plus grandes stars d'Hollywood. Mais c'est aussi un homme qui hésite de moins en moins à confesser publiquement sa foi en la scientologie. Ambassadeur de cette secte à travers le monde, il se montre partout plus prolixe sur son engagement religieux que sur sa carrière. Entre déclarations enflammées et propagande effrénée, l'acteur embarrasse son public et ruine la promotion du film. Quelques mois plus tard, le propriétaire des studios Paramount annonce dans un entretien accordé au *Wall Street Journal* la fin de la collaboration entre ses studios et la star d'Hollywood : « Nous apprécions Tom Cruise en tant que personne, mais nous avons estimé que renouveler son contrat n'était pas approprié. La façon dont il s'est récemment conduit n'est pas acceptable pour Paramount. » Qu'est-ce qui a bien pu pousser un acteur de renommée internationale comme Tom Cruise à prendre le risque de sacrifier sa carrière en lui préférant l'Église de scientologie ? La question n'est pas simplement anecdotique. Elle en dit long, dans notre monde individualiste, sur ce besoin de confiance à tout prix.

C'est en 1990 que Tom Cruise adhère à la scientologie. Comme il le raconte lui-même, il avait beaucoup de difficultés dans sa vie personnelle et il n'arrivait pas à s'exprimer correctement. Une enfance malheureuse, un père alcoolique et violent l'empêchaient de trouver sa place. C'est alors qu'il découvre la scientologie. Grâce aux enseignements du fondateur du groupe, Ron Hubbard, il apprend, dit-il, à « maîtriser son langage » et à devenir plus « entreprenant » et moins « timide ». La scientologie lui aurait apporté la confiance en soi : « Ma carrière s'en est trouvée confortée. Je n'avais plus peur de rien. La vie s'ouvrait devant moi, alors que s'évanouissaient mes inhibitions. L'Église de scientologie a été ma planche de salut. » Cet aveu n'est pas anodin. Quand une organisation, quelle qu'elle soit, parvient à nous redonner confiance en nous, rien ne nous apparaît plus précieux. Même un succès mondial n'est qu'une crête d'écume, une simple bulle sans consistance, par rapport à cette richesse profonde. Mais attention ! C'est justement en raison de cette puissance prodigieuse dont elle dispose qu'une telle organisation peut se révéler fatale. Là se situe le danger pouvant conduire de la foi à la manipulation, à travers l'usage biaisé d'une confiance restaurée.

Les dérives sectaires

On sait depuis les analyses de Max Weber et d'Ernst Troeltsch qu'au cours de l'histoire les sectes se sont caractérisées, à la différence des Églises, par l'intensité de l'engagement quotidien qu'elles requièrent de leurs membres[1]. Chacun est appelé à un travail permanent de purification et de sanctification, hors de tout compromis avec la société. D'où la préoccupation grandissante des pouvoirs publics à l'égard du « fait sectaire », sans que pourtant la secte puisse être clairement définie. Le risque est grand, en effet, de céder à la tentation d'évaluer et de hiérarchiser les croyances individuelles. Néanmoins, au-delà des querelles de définition, les pouvoirs publics sont inquiets de la fascination qu'exercent, sur un nombre grandissant d'individus, ces organisations et mouvements utilisant la rhétorique de la confiance en soi et la promesse du bonheur. Comme l'explique la commission d'enquête parlementaire sur les sectes en 2006, ce qui caractérise souvent ces organisations, c'est leur tendance à la « manipulation mentale » qui entraîne progressivement une véritable « sujétion

1. Danièle Hervieu-Léger, *La Religion en miettes ou la question des sectes*, Paris, Calmann-Lévy, 2001.

psychologique » de leurs adeptes[1]. En 2010, la Mission interministérielle de vigilance et de lutte contre les dérives sectaires pointe même les risques inhérents à certaines pratiques dangereuses pour l'intégrité physique et mentale des personnes.

La scientologie est née en 1954 à Los Angeles et elle se présente à la fois comme une « religion » et une « philosophie religieuse appliquée », susceptible justement de répondre aux problèmes de confiance en soi dont souffrent nos contemporains. Elle se fonde, comme l'explique Ron Hubbard, sur cette analyse du « désespoir » de l'homme contemporain : « Il doute de lui et éprouve souvent un sentiment d'insécurité, voire de désespoir. Pourtant, chacun possède de façon innée le pouvoir de se libérer de tels tourments. » D'où la nécessité de suivre les préceptes exposés par Ron Hubbard dans son livre *La Dianétique : la puissance de la pensée sur le corps* (1950) et de s'adapter à la méthode proposée par la scientologie afin de se libérer des sensations et émotions pénibles, des peurs irraisonnées et des maladies psychosomatiques. Pour le père de la scientologie, « le mental commande au corps » : chacun doit pouvoir utiliser un certain nombre de techniques pour s'aider soi-même et aider les autres. C'est pourquoi la scientologie se présente non pas comme « une religion dogmatique dans laquelle on vous demande de tout croire et d'avoir la foi », mais comme une nouvelle Église du XXe siècle, à même de faire connaître et de transmettre une série de

1. Miviludes, *Rapport au Premier ministre,* Paris, La Documentation française, 2006, p. 15.

vérités fondamentales. Parmi ces vérités, la plus importante est que l'homme serait un être doué de facultés bien supérieures à ce qu'il conçoit d'ordinaire : un être spirituel qui peut « résoudre ses problèmes », « atteindre ses buts » et « accéder au bonheur ». « La vie moderne soulève une infinité de problèmes complexes », lit-on sur le site internet de la scientologie. Face à ces problèmes, « les solutions sont simples et à la portée de tous ».

À partir du moment où l'individu arrive à se débarrasser du « contenu » de ce que Hubbard nomme le « mental réactif », il peut parvenir à l'état de « clair » et être enfin libre d'exprimer ses émotions. « Maître de ses pensées », le « clair » peut vivre sans être encombré des inhibitions du passé ; « confiant en soi », il peut désormais réussir tant dans sa vie professionnelle que dans ses relations avec les autres. Mais pour améliorer la conscience de l'homme et ses aptitudes, il faut suivre à la lettre les méthodes « précises et exactes » mises au point par la scientologie. Il ne suffit pas de lire les œuvres de Ron Hubbard ; il faut aussi s'engager sur la « route de l'audition », c'est-à-dire participer à des séances pendant lesquelles on écoute la parole des « clairs ». Les perspectives sont alléchantes pour qui doute : « L'audition de scientologie peut faire passer quiconque d'un état d'aveuglement spirituel à la joie radieuse d'exister en tant qu'esprit. » Sans entrer dans le détail de ce processus et de ces techniques, la question qui se pose concerne la marge de liberté et d'autonomie qui reste à ceux qui entreprennent un tel parcours. À partir du moment où l'on vise l'amélioration de soi, et où cette amélioration est présentée non seulement comme une quête sans fin, mais surtout comme irréalisable en dehors du groupe, comment peut-on même envisager une vie en dehors de l'organisation ? Le propre d'une secte est justement de rendre si difficile la voie de la sortie que chacun y renonce après y être entré. Là se dessine la différence avec les Églises. N'est-ce pas d'ailleurs le problème soulevé à plusieurs reprises par d'anciens adeptes de sectes qui, économiquement ruinés et psychiquement éprouvés, ont décidé de porter plainte contre la scientologie ou d'autres groupes sectaires ? On se retrouve devant ce triste paradoxe : après avoir fait miroiter à ses futurs adeptes le bonheur personnel au sein d'une organisation susceptible de leur redonner confiance, la secte se transforme en une prison qui se referme sur ses adhérents, en les obligeant à lui vouer une confiance totale, ce qui finit, chez ses adeptes, par ruiner toute confiance en soi.

Tout le paradoxe est là : sous couvert de permettre aux gens de devenir plus *confiants*, la scientologie, comme d'autres organisations de ce genre, instrumentalise la bonne foi d'un certain nombre de personnes en les poussant peu à peu à avoir une confiance totale dans le groupe et ses méthodes. Jusqu'à ce qu'un individu n'ait plus aucune confiance en soi, c'est-à-dire en ses propres ressources intérieures en dehors du groupe. N'est-ce pas d'ailleurs grâce à une confiance aveugle et à un abandon total que les auditeurs de la scientologie peuvent réellement profiter des séances d'audition ? L'audition n'est possible, expliquent les membres de l'organisation, qu'à partir du moment où celui qui y prend part « dirige son attention vers les recoins les plus profonds de son mental réactif » ; ce qui n'arrive que lorsqu'on se laisse aller en se sentant « suffisamment en sécurité », « en toute confiance ». Mais à partir du moment où l'on cherche à créer les conditions d'une confiance absolue, n'y a-t-il pas toujours le risque de « faire faire » aux gens des choses qu'ils n'auraient probablement pas faites si leur volonté n'avait pas été conditionnée ?

L'histoire récente montre les dangers qu'on court dès lors qu'on se laisse séduire par des gourous sans scrupule. Il suffit de songer aux 914 adeptes du Temple du Peuple qui sont morts en Guyana en 1978, aux 69 membres de l'Ordre du Temple solaire morts en 1994 et 1995 en Suisse, au Québec et en France. Certes, ces faits particulièrement choquants sont heureusement rares. Mais dès lors qu'une organisation promet le bonheur en échange d'une confiance totale dans ses méthodes et ses dirigeants, les notions de manipulation et d'emprise ne sont jamais très loin. Même si je m'engage volontairement dans ce genre d'organisations, cela ne change rien à l'affaire. Il ne s'agit pas, en effet, de nier l'autonomie de ceux qui au départ décident d'adhérer à une organisation comme la scientologie. On peut avoir les meilleures raisons du monde pour le faire. Ce qui pose problème est la dynamique qui se met en place dès lors qu'on y entre. Ne serait-ce que parce que la logique interne est une logique d'adhésion aux préceptes en vigueur : une logique qui pousse chacun à faire confiance aux détenteurs de la « vérité » dans le but d'arriver à avoir un jour davantage confiance en soi. Il faudrait renoncer à tout esprit critique. Mais comment la confiance en soi peut-elle croître dès lors que la méthode proposée pour la développer consiste à se nier et à s'abandonner en toute confiance aux autres, ou tout au moins aux dirigeants de la secte ?

C'est un cercle vicieux qui se met en place : je te fais confiance pour parvenir à avoir confiance en moi, mais à partir du moment où j'accepte de m'abandonner totalement à ce que tu m'apprends, je me mets dans une position de dépendance telle qu'aucune confiance en moi n'est envisageable. Par conséquent, je ressens un besoin toujours plus grand de m'appuyer sur toi, au point de me sentir perdu si je me mets à penser indépendamment de toi. Résultat : plus le temps passe, plus je dépends de toi… et plus je perds toute confiance en moi. La boucle est bouclée. C'est là qu'intervient la manipulation, une manipulation qui utilise dans les discours des concepts positifs et consensuels comme l'*autonomie*, la *participation*, la *convivialité*, la *motivation*… pour convaincre les individus qu'ils arriveront progressivement à donner un sens à leur existence et à avoir confiance dans la vie. Il s'agit d'arriver progressivement à faire croire, faire faire ou faire agir, par tous les moyens. C'est pourquoi l'individu se retrouve progressivement pris dans un processus qui le vide de sa propre spécificité et de sa propre subjectivité, car ce qui compte est l'adhésion au groupe. Or, à partir du moment où l'individu fusionne avec le groupe, l'initiative personnelle n'est plus possible. Ce qui entraîne comme corollaire la perte de confiance en soi. Au fond, le remède est pire que le mal… Le développement personnel promis par les « vendeurs de bonheur », des coachs en tout genre aux organisations sectaires, laisse progressivement place à l'abandon total qui n'est que l'autre face de l'indifférence absolue.

Le ravissement contemplatif

Lorsque Mme Guyon, l'égérie de Fénelon, figure étonnante de la mystique française, évoque la mort de son enfant, elle le fait avec un détachement surprenant et glaçant : « L'esprit de sacrifice me possédait si fort que, quoique je l'aimasse tendrement, je ne versai jamais une larme en apprenant sa mort[1]. » Née en 1648, Jeanne Guyon découvre, adolescente, la pensée mystique de François de Sales. Contrariée par sa famille dans son désir de devenir religieuse, elle finit par se marier et avoir cinq enfants. Mais sa ferveur religieuse est telle qu'elle surpasse toutes ses autres affections. Elle la conduit au fil du temps à accepter

1. Jeanne Guyon, *La Vie de Madame Guyon écrite par elle-même*, Dervy-Livres, 1982, p. 123.

avec indifférence les événements tragiques de sa vie : la mort de son enfant cadet, puis le décès de sa fille et de son père, enfin la perte de son mari. En dépit de tout, elle a confiance. Sa foi anesthésie sa douleur : « L'indifférence en moi était parfaite, et l'union au bon plaisir de Dieu si grande que je ne trouvais en moi aucun désir ni tendance[1]. » Dans cet abandon mystique, elle se découvre « sans appétit et sans répugnance ». La foi la conduit progressivement à s'engager dans la voie de l'anéantissement de soi : « C'est en mourant à toutes choses, et en se perdant véritablement à leur égard pour passer en Dieu et ne subsister qu'en lui qu'on a quelque intelligence de la vraie sagesse[2]. » Mais peut-on encore exister *par* et *pour* soi dès lors qu'on s'abandonne aveuglément à Dieu ?

L'indifférence prônée par Mme Guyon trouve ses racines dans le grand essor de la pensée mystique du XVIIe siècle. En ce « siècle de crises[3] », de nombreux croyants se laissèrent fasciner par la vie contemplative, faite de renoncement à soi et d'abandon à Dieu. À l'intérieur de ce mouvement général de renouveau, les courants furent multiples. Le travail monumental d'Henri Bremond montre bien les nuances qui distinguaient l'humanisme dévot d'un saint François de Sales et l'école mystique de Pierre de Bérulle, le quiétisme

1. *Ibid.*, p. 213.
2. *Ibid.*, p. 16.
3. Selon l'expression de Roger Parisot, *La Doctrine du pur amour*, Paris, Pocket, 2008, p. 7.

inspiré par Miguel de Molinos et la doctrine du « pur amour » de Mme Guyon et Fénelon[1]. Mais au-delà de ces différences subtiles, ce qu'on retrouve un peu partout en France en ce siècle mystique, c'est l'émergence d'une tendance généralisée à l'abandon absolu à la Providence, d'une confiance totale en l'amour gratuit et désintéressé de Dieu. C'est pourquoi de nombreux croyants, en dépit des mises en garde et des condamnations de l'Église, furent fascinés par ce mouvement de ferveur mystique les conduisant à l'oubli d'eux-mêmes.

Il existe, bien sûr, une distinction importante entre la mystique « spéculative » et la mystique « contemplative ». La première, plus abstraite, vient de maître Eckhart et prône le renoncement de l'âme à soi pour parvenir à l'extase, dans un désintéressement total. Pour Eckhart, Dieu est honoré en « ceux qui ne recherchent rien, ni les honneurs, ni l'utilité, ni la sainteté, ni le royaume des cieux[2] ». Pour être digne de l'amour de Dieu, il faut renoncer à tout. La mystique contemplative est plus affective. S'inspirant de Thérèse d'Avila, elle valorise le « ravissement », c'est-à-dire le moment où l'âme se détache du corps « par le désir ardent de voir Dieu »[3]. Thérèse elle-même dit s'éprouver comme « disloquée » lorsqu'elle est ravie par l'amour de Dieu, un amour

1. Henri Bremond, *Histoire littéraire du sentiment religieux en France. Les mystiques français du Grand Siècle* (1916), Paris, Presses de la Renaissance, 2008.
2. Cité par J. Anchelet-Eustache, *Maître Eckhart et la mystique rhénane*, Paris, Seuil, 1956.
3. Thérèse d'Avila, *Vie écrite par elle-même* (1588), in *Œuvres complètes*, Paris, Seuil, 1946.

épuré de toute trace d'amour de soi. C'est dans ce cadre que s'inscrit, en grande partie, la pensée de François de Sales. Pour cette âme dévote, la perfection de la vie religieuse est la vie contemplative et la contemplation, elle, conduit à l'« union amoureuse » avec Dieu. Dans son *Traité de l'amour de Dieu* (1616), qui est son testament philosophique et religieux, saint François explique à quel point la mystique est différente de la théologie spéculative : à la différence de la théologie qui « parle de Dieu », la mystique vise à parler « avec Dieu ». Mais le dialogue avec Dieu n'est possible que si l'on accepte de s'abandonner complètement à son bon vouloir. Nous devons parvenir, écrit François de Sales, « à une grande pureté de cœur, à un entier renoncement de notre propre intérêt en ce qui est à son service, et un parfait dépouillement de nous-mêmes[1] ». Mais peut-on être « indifférent » à son sort sans s'aveugler ?

La grande valeur que saint François accorde à l'extase et au ravissement n'empêche pas cet homme de foi de distinguer les formes authentiques de vie contemplative des formes douteuses et « périlleuses ». Avant d'admirer certains comportements étranges, explique François de Sales, il faut se montrer prudent. L'indifférence salésienne n'est pas insouciance ou nonchalance : c'est l'état de celui pour lequel n'existe rien d'autre que ce qui vient de Dieu et est voulu par Dieu. Mais dès lors qu'il affirme que l'indifférent « aimerait mieux l'enfer avec la volonté

1. Saint François de Sales, *Introduction à la vie dévote* (1609), Paris, Seuil, 1962, V, p. 15.

de Dieu que le paradis sans la volonté de Dieu[1] », le glissement vers l'anéantissement du moi est proche. Et l'aveuglement total n'est jamais très loin non plus. Ce n'est pas un hasard si, quelques années plus tard, cette image de l'anéantissement se retrouve chez Mme Guyon dont l'idée d'un abandon total de soi à la Providence divine est poussée à son extrême. Chez elle, l'abandon à Dieu conduit au renoncement. La foi ne peut passer que par le dépouillement de soi. Jeanne Guyon l'explique bien dans la *Vie*. Son unique but dans l'existence est de s'abandonner à la volonté de Dieu, sans jamais lui substituer la sienne. C'est là que commence, pour elle, le « petit sentier de la foi, du renoncement, de la mort intérieure et de l'anéantissement[2] ».

La doctrine du « pur amour », développée ensuite par Fénelon, est en puissance dans ces lignes. Mme Guyon en fut une fervente apôtre. C'est elle qui la fit connaître à Fénelon : « Le pur amour est nu, dégagé de tout. Il ne prétend rien, il n'attend rien et ne désire rien, il n'a aucun retour sur soi, ni sur son salut, ni sur sa perfection[3]. » Pour que le croyant puisse atteindre cette indifférence parfaite, il faut qu'il se laisse complètement glisser en Dieu ; son vouloir ne doit plus être séparé de la volonté divine. Décroché de toute forme de sensibilité, le pur amour est caractérisé par la disparition non seulement du désir, mais aussi de toute envie de désirer. C'est

1. Saint François de Sales, *Traité de l'amour de Dieu* (1616), Montréal, Médiaspaul, 2000, IX, 4.

2. Jeanne Guyon, *La Vie de Madame Guyon écrite par elle-même*, *op. cit.*, p. 50.

3. Jeanne Guyon, *Madame Guyon et Fénelon. La correspondance secrète*, Dervy-Livres, 1982, lettre CXIX.

pourquoi Fénelon formalisera la fameuse « supposition impossible », déjà énoncée par saint François de Sales, selon laquelle le croyant fidèle doit être prêt à accepter l'enfer pour la gloire de Dieu, en s'abandonnant au bon vouloir divin : « Mon Dieu, si par impossible vous me vouliez condamné aux peines éternelles de l'Enfer, sans perdre votre amour, je ne vous en aimerais pas moins[1]. » Le pur amour devient ainsi synonyme de « mort à soi-même » et d'« adhérence » totale à la volonté de Dieu, indépendamment de son propre intérêt personnel. Pour Fénelon, c'est l'amour même dont Dieu s'aime en l'homme. Mais pour que l'amour soit réellement pur, il faut être prêt à sacrifier le *moi*[2]. Est-il toutefois concevable de « sacrifier le moi » sans se perdre ?

Le 12 mars 1699, le pape Innocent XII condamne, dans son bref *Cum alias*, vingt-trois propositions tirées de l'*Explication des maximes des saints* (1697) de Fénelon. Son but est de mettre un terme aux dérives mystiques qui déchirent la France et qui conduisent au dépouillement de soi. Ce qui préoccupe le pape, ce sont les conséquences de cet anéantissement personnel. Comment un croyant peut-il prendre des décisions, agir et être responsable de ses actes s'il renonce à son statut de sujet ? Peut-on envisager un « amour pur » lorsqu'il est question d'êtres humains, et donc de créatures imparfaites qui ne peuvent

1. Fénelon, *Explication des maximes des saints sur la vie intérieure* (1697), in *Œuvres*, t. II, Paris, Gallimard, 1983-1998, article X.

2. Sur ce point voir Jacques Le Brun, *Le Pur Amour de Platon à Lacan*, Paris, Seuil, 2002, p. 117-208.

en aucune manière prétendre à la perfection divine ? Mais au-delà de cette querelle théologique concernant le rapport entre Dieu et ses créatures, l'« amour pur » pose un défi aux relations de confiance. À partir du moment où l'amour est envisagé comme pur, c'est-à-dire comme totalement indifférent non seulement à sa récompense, mais aussi à son acceptation ou à son refus, c'est son « objet » qui disparaît : celui qui aime aime sans attente ; celui qui est aimé est aimé indépendamment de sa réponse. La relation qui en résulte est désincarnée, vide, sans enjeu. Que reste-t-il, dès lors, de la confiance ?

En réalité, cette question s'évanouit avant même d'être formulée : la confiance de celui qui aime est totale, indépendamment de la fiabilité de l'objet d'amour, mais aussi de sa volonté de répondre à l'amour qu'il reçoit par un gage quelconque de confiance réciproque. C'est une confiance elle-même « pure » qui, dans sa pureté, doit se penser comme détachée de tout espoir de retour, et donc comme totalement désintéressée. Elle s'adresse à l'autre parce qu'il s'agit de l'*aimé.* Elle n'espère rien. Elle n'attend rien non plus.

Fusion et séparation

Lorsque Romain Rolland adresse une lettre à Freud pour commenter sa vision de la religion[1], son but est essentiellement critique. Cet homme de lettres veut

1. Cf. Sigmund Freud, *L'Avenir d'une illusion* (1927), Paris, PUF, 1971.

défendre l'existence, à côté des religions proprement dites, d'une « sensation religieuse » : un « sentiment d'éternité », « quelque chose d'illimité, d'infini, en un mot d'océanique ». Dans *Le Malaise dans la culture*, Freud reviendra sur la question. Mais l'opposition entre Freud et Rolland n'est pas une simple querelle personnelle. Elle s'inscrit à l'intérieur d'un débat plus vaste qui fleurit, au début du XXe siècle, autour de la prolifération de la littérature mystique au XVIIe siècle [1]. Dans un monde qui ne se définit plus comme chrétien, on s'interroge alors sur la signification qu'a pu avoir cette valorisation de l'abandon de l'âme tout entière à la volonté de Dieu, ce besoin de se perdre en lui, en toute confiance.

Freud et Rolland, cependant, ne peuvent s'entendre. Rolland se situe dans une perspective mystique : c'est lorsque le moi arrive à « se perdre en Dieu » que l'individu peut s'épanouir. Freud, au contraire, adopte une perspective scientifique et critique toute forme d'abandon à autrui. Chaque personne devient autonome grâce à un double processus de séparation : il faut d'abord se séparer de la mère, puis se différencier par rapport au monde. Pour Freud, l'être humain ne peut devenir sujet de sa propre vie qu'à partir du moment où « le moi semble affirmer des lignes de frontière claires et tranchées [2] » entre soi et les autres. Certes, il reconnaît qu'au paroxysme de l'état amoureux, ces

1. Michel de Certeau, *La Fable mystique (XVIe-XVIIe siècle)*, Paris, Gallimard, 1982.

2. Sigmund Freud, *Le Malaise dans la culture* (1930), Paris, PUF, 1995, p. 7.

frontières sont menacées. Ainsi, le sentiment du moi est souvent « soumis à des perturbations » et les « frontières du moi » ne sont pas toujours stables. Mais en dehors des moments de ravissement érotique, le moi doit pouvoir retrouver ses frontières. C'est lorsqu'on apprend à être seul, c'est-à-dire séparé des autres, qu'on peut construire un rapport individuel à soi-même – qu'on peut développer une certaine forme de confiance en soi – et qu'on peut, par la suite, construire des relations durables avec les autres.

Même si toutes les relations affectives renvoient à l'expérience de fusion originelle qui marque le rapport du nourrisson avec sa mère pendant ses premiers mois de vie, ces relations ne peuvent se développer si je reste ensuite rivé au souvenir de ce lien et si je cherche uniquement à recréer les conditions d'une nouvelle fusion. La confiance qui peut surgir à l'intérieur d'une relation intense dépend non seulement de mon désir de m'ouvrir à l'autre et de m'abandonner à lui, mais aussi de ma capacité à me séparer de l'autre. La possibilité de *rester seul* est le pendant nécessaire à la possibilité de *fusionner*. Mais peut-on s'engager dans une relation amoureuse authentique tout en préservant sa capacité à être seul ? La jouissance érotique est-elle possible dès lors qu'on ne se laisse pas aller à l'abandon total à l'autre ?

La jouissance érotique se présente toujours comme une « défaite », une « détumescence »[1]. Le désir nous

1. François Perrier, « Séminaire sur l'amour », in *La Chaussée d'Antin* (1978), Paris, Albin Michel, 1994, p. 349-536.

jette presque hors de nous, en effaçant les frontières entre le « je » et le « tu ». L'amour est synonyme d'implication totale : « Il n'y a plus sujet=objet, mais "brèche béante" entre l'un et l'autre, écrit Bataille. Et, dans la brèche, le sujet, l'objet sont dissous, il y a passage, communication, mais non de l'un à l'autre : l'un et l'autre ont perdu l'existence distincte[1]. » Après le moment du ravissement érotique, cependant, le sujet doit pouvoir revenir à lui, recomposer son « moi » défait par l'embrasement, et réinstaller les seuils et les frontières qui lui permettent de ne pas partir à la dérive. Sinon il risque non seulement de régresser à l'état de nourrisson, lorsque le petit enfant ne fait pas encore le départ entre son moi et le monde extérieur, mais aussi de ne plus avoir d'existence autonome, courant ainsi le risque de l'asphyxie.

C'est ce qu'illustre de façon magistrale Albert Cohen dans *Belle du Seigneur.* Solal rencontre Ariane, tombe immédiatement amoureux d'elle et lui jure fidélité éternelle : tout ce qu'il a vécu auparavant est effacé ; tout ce qu'il pense vivre se réduit à l'amour qu'il éprouve pour elle. Il a une confiance absolue en ses sentiments et, avec le bagage d'expériences qu'il a accumulé au fil du temps, il croit savoir comment faire pour garder intacte sa passion. Très vite, cependant, les deux amants se replient à l'intérieur d'une relation étouffante. Le couple devient un lieu d'enfermement ; la fidélité et la confiance absolues qui les lient entraînent la dépen-

1. Georges Bataille, *L'Expérience intérieure*, Paris, Gallimard, 1979, p. 74.

dance totale et, peu à peu, le sacrifice de soi. L'un s'annule en l'autre ; l'un s'identifie à l'autre. Isolés de tout et de tous, ils se nourrissent l'un de l'autre. Mais si l'enfermement leur permet d'échapper aux dangers de la trahison et de l'abandon, cette confiance extrême les conduit aussi progressivement à s'entre-dévorer. La toute-confiance qui règne au sein du couple devient la cause de leur autodestruction : « Enfermés dans la souricière d'amour, condamnés aux travaux d'amour à perpétuité, ils étaient couchés l'un près de l'autre, beaux, tendres, aimants et sans buts. Sans but. Que faire pour animer cette torpeur[1] ? » Ce n'est pas l'amour qui les lâche : l'amour continue à grandir et à se développer, chaque jour, chaque instant. Ce qui disparaît, avec l'enfermement progressif et la dépendance absolue, c'est *la vie*. La confiance totale et l'effacement de tout péril pouvant menacer leur amour les condamnent à la mort, d'abord psychique, ensuite physique. La fusion peut être un rempart contre la perte de l'autre. Mais l'absence de toute séparation n'est qu'une solution illusoire. Il arrive toujours le moment où, dans un couple, on est obligé de faire avec la nécessité de la séparation et la réalité de l'absence. Ce qui fragilise certes la confiance, mais permet aussi au couple de ne pas s'autodétruire.

1. Albert Cohen, *Belle du Seigneur*, Paris, Gallimard, 1968, p. 844.

Le piège de la certitude

La confiance aveugle répond à un besoin humain de certitude. Mais la certitude est souvent un leurre dangereux, surtout quand on pense la trouver dans les rapports affectifs, notamment l'amitié ou l'amour. C'est le cas d'*Othello* de Shakespeare. On a souvent cherché la vérité d'Othello dans sa jalousie maladive à l'égard de sa femme Desdémone. Mais *Othello* est une pièce extrêmement compliquée. La jalousie y joue, certes, un rôle de premier rang, mais elle n'est pas le seul ressort de la tragédie. Elle se mêle à l'envie et à la manipulation, à la trahison et aux mensonges, avec, en arrière-plan, une autre question, celle de la signification et de la valeur de la confiance. Qu'il s'agisse de la confiance aveugle qu'Othello, le More, fait à son porte-enseigne Iago, de la confiance fragile qui caractérise les relations entre Othello et sa femme, ou encore du manque de confiance en soi du More, le problème de la confiance est omniprésent.

Avoir confiance en quelqu'un, nous l'avons vu, signifie s'en remettre à cette personne sans avoir la certitude que notre confiance sera payée de retour. Sauf lorsqu'on pense que la confiance coïncide avec la foi. Or, l'un des problèmes d'Othello est que sa conception de la confiance en l'autre semble reposer sur ce modèle de la confiance-foi, une foi totale en l'autre qui ne peut cependant que s'appuyer sur l'illusion de la certitude. Ce que le More semble ignorer, c'est que la confiance fait croire en un résultat que rien ne pourra jamais garantir. Elle n'a de sens que dans un monde où règne l'incertitude. C'est d'ailleurs cette incertitude qui l'appelle, et qui permet à chacun de s'engager au-delà de ce que la somme d'informations ou de preuves établies lui permettrait objectivement de décider[1]. Othello, au contraire, a une conception de la confiance qui relève du religieux. Il est sûr de la loyauté de Iago : il est convaincu que son porte-enseigne l'aime ; il croit en son honnêteté. Au début, il est sûr aussi de la fidélité de sa femme et, lorsque Iago cherche à le déstabiliser, il lui répond sans hésiter : « Non Iago ! Avant de douter, je veux voir. Après le doute, la preuve ! et, après la preuve, mon parti est pris : adieu à la fois l'amour et la jalousie. » Sa confiance est totale et aveugle. Jusqu'au moment où tout vacille et qu'il ne croit plus en rien. C'est pourquoi le moment clé pour comprendre le drame qui se joue chez Othello, avant même que la tragédie du meurtre ne s'accomplisse, c'est lorsque le More exprime son désarroi face à l'incertitude. Il voudrait pouvoir être *certain* de faire *confiance* : « Par l'univers ! Je crois que ma femme est honnête et je crois qu'elle ne l'est pas ; je crois que tu es probe et je crois que tu ne l'es pas ; je veux avoir quelque preuve [...]. Oh ! avoir la certitude ! » (acte II, scène III). Notre héros se laisse prendre au « piège de la certitude » et s'aveugle : la confiance totale qu'il a, dès le début, en

1. Georg Simmel, *Sociologie, op. cit.*, p. 355.

Iago l'amène à interpréter tous les mots et comportements de son porte-enseigne de façon biaisée ; il est incapable de déceler la manipulation dont il est victime.

La confiance aveugle fonctionne de façon analogue à la vision limitée : elle élimine de la vue tout un éventail d'interprétations possibles des motifs qui peuvent pousser quelqu'un à agir d'une certaine façon ou à nous dire certaines choses. C'est pourquoi ce genre de confiance ouvre la porte non seulement à la déception, mais aussi à la blessure profonde : elle donne lieu à une interprétation sélective des faits. Mais à partir du moment où l'interprétation des faits devient sélective, autrui peut facilement abuser de ma bonne foi et me faire croire que des mensonges sont l'expression de la vérité. Dès lors que j'attribue des motivations honorables à ceux en qui j'ai confiance, et que je ne fais plus attention aux dommages qu'ils pourraient me causer s'ils en avaient l'intention, je m'abandonne complètement à eux. Je ne crois pas qu'ils puissent me tromper ou me blesser, car je ne peux même pas songer à l'éventualité que leurs intentions à mon égard ne soient pas bonnes et loyales. Ce que je pourrais interpréter comme le fruit d'une envie ou d'une rancœur vis-à-vis de moi – et qui pourrait me pousser à faire attention et à protéger me intérêts, si je n'avais pas confiance en quelqu'un – disparaît à mes yeux, dès que je m'abandonne, confiant, à la bienveillance d'autrui.

Mais pourquoi Othello a-t-il cette confiance totale en Iago et non pas en sa femme Desdémone ? La réponse la plus immédiate serait de dire que sa jalousie profonde l'empêche de faire confiance à la femme qu'il aime. Pourtant, Othello nous est présenté comme un homme qui n'est pas jaloux par nature, un être peu disposé à croire en l'existence du mal chez les autres. Le More représente ainsi l'antithèse même de Iago qui, lui, voit le mal partout et n'a confiance en personne : rien n'est pour lui ce qui paraît être ; partout les gens ne font que suivre leurs intérêts et ils n'agissent jamais par devoir ou par amour. Tout est calcul. Iago incarne l'homme moderne, celui qui, n'habitant plus dans un univers religieux où chacun peut avoir une foi aveugle en Dieu, va vers sa perte à partir du moment où il fait confiance à l'homme. Shakespeare, dans cette tragédie, anticipe ainsi le temps où « la croyance se défaisant, il n'y aura de transcendance que dans le rapport de l'être parlant à l'indéfait du monde au-delà des mots, c'est-à-dire à la présence pleine des autres êtres[1] ». Toutefois, qui de Iago ou d'Othello est le plus aveugle ? Iago qui se méfie de tous les hommes, ou Othello qui transpose le modèle de la confiance absolue en Dieu dans la confiance absolue à certains hommes ?

Le piège dans lequel se trouve le More et qui le conduit jusqu'au meurtre de sa femme consiste à écouter sans méfiance aucune celui qu'il aurait dû faire taire. Pourquoi n'est-il pas allé voir Cassio afin de lui demander des explications ? Pourquoi n'a-t-il pas

1. Yves Bonnefoy, « La tête penchée de Desdémone », *in* Shakespeare, *Othello*, Paris, Gallimard, 2001, p. 60 (préface).

interrogé sa femme ? À force de s'abandonner à la parole de Iago, Othello est finalement devenu son complice. C'est au fond le même piège dans lequel se retrouvent ceux qui se laissent peu à peu prendre au cercle vicieux des sectes. En s'en remettant complètement à ceux qui sont censés « savoir » ce qu'il faut faire, ces individus renoncent à toute distance critique. La confiance aveugle qu'ils accordent à autrui devient une cage dont ils ne peuvent sortir, car la dépendance totale entraîne un sentiment d'infériorité : ils se croient incapables de résoudre seuls les problèmes de leur vie et attendent que d'autres le fassent à leur place. Ils ne font plus la différence entre la nécessaire dépendance à l'autre qui résulte du simple fait de leur faire confiance, et la dépendance totale aux autres qui ne leur laisse plus aucune marge de manœuvre.

Cette dépendance totale va parfois jusqu'au drame. Il suffit de penser à la triste histoire d'Évelyne, morte en 1997, terrassée par un cancer du sein. Elle avait fait confiance à des médecins d'une secte et n'avait pas voulu se soigner à temps. Le journaliste Antoine Guélaud retrace, dans un livre très poignant, *Ils ne m'ont pas sauvé la vie* (2009), le parcours d'Évelyne. Il raconte comment cette jeune femme s'était peu à peu laissé abuser par deux médecins membres de la secte Graal. Refusant les vaccinations, la chirurgie et les antibiotiques, ces deux médecins convainquent Évelyne de se soigner par des plantes et des jeûnes purificateurs. Ravagée par la douleur, elle consulte alors des spécialistes du cancer. Mais lorsqu'elle s'aperçoit de la supercherie, il est trop tard. Elle mourra à trente et un ans, laissant deux enfants de un et trois ans… Son unique erreur : avoir fait aveuglément confiance à des manipulateurs. La foi béate, pas plus que les relations contractuelles ou la confiance en soi, ne saurait instaurer un véritable lien de confiance ; comment celui-ci peut-il alors se nouer ?

QUATRIÈME PARTIE

Éloge de la dépendance

CHAPITRE 7

L'engagement nécessaire

Les êtres fidèles ne connaissent de l'amour que son visage le plus vulgaire. Seuls les infidèles connaissent les tragédies d'amour.

Oscar Wilde, *Le Portrait de Dorian Gray*

Nous sommes tous pétris de faiblesses et d'erreurs ; pardonnons-nous réciproquement nos sottises, c'est la première loi de la nature.

Voltaire, *Dictionnaire philosophique.*

Dans ses *Essais,* Montaigne distingue ce qu'il appelle les amitiés ordinaires ou instrumentales, qui ne sont qu'« accointances et familiarités nouées par quelque occasion ou commodité[1] », et ce qu'il appelle la véritable amitié, celle qui le lie à La Boétie et lui permet de s'exclamer : « Parce que c'était lui, parce que c'était moi. » Dans le premier cas, l'amitié n'est qu'accidentelle et surtout utilitariste (je suis l'ami de quelqu'un parce qu'il m'est, d'une façon ou d'une autre, utile).

1. Montaigne, *Essais, op. cit.*, I, XXVIII.

Dans l'autre cas, celui qu'Aristote qualifiait d'amitié parfaite, « celle des hommes vertueux et qui sont semblables en vertu[1] », l'amitié repose sur une « force inexplicable et fatale » que je ne parviens pas à raisonner. Elle est même, souligne Aristote, encore plus pure que l'amour puisqu'elle est étrangère au désir physique. Je ne sais pas ce qui me pousse à vouloir me lier si profondément à celui qui est appelé à devenir mon ami. Si l'amitié est « parfaite », cet élan reste mystérieux.

Il en va de la vraie confiance comme de l'amitié dont elle est d'ailleurs le ciment. Qu'est-ce qui me pousse à me lier sincèrement à autrui ? Est-ce le simple résultat d'un calcul rationnel ? Dans ce cas, je reste à l'intérieur d'un réseau d'accords négociés et révocables qui n'explique pas cette dimension d'abandon à l'autre. Parce que je calcule, je ne m'abandonne pas. Certes, je me protège et j'arrive, dans le meilleur des cas, à préserver mes intérêts. Je ne risque pas d'être trahi. Mais je ne peux faire l'expérience d'un sentiment pur et inexplicable qui va enrichir mon existence. Faire confiance – avec la possibilité même que la confiance donnée soit trahie – permet aussi de se dépasser. La confiance est une sorte de don sans garantie de réciprocité. Quand elle est bien placée, elle nous permet de nous ouvrir aux autres et à l'avenir, en nous faisant prendre conscience du bonheur de l'abandon assumé. Comment faire en sorte que la vulnérabilité dans laquelle nous plonge la confiance ne se transforme pas en une dépendance maladive ?

1. Aristote, *Éthique à Nicomaque, op. cit.*, VIII, 1156b 7-8.

Apprendre à « se tenir »

La confiance est liée à la nature même de l'existence humaine, au fait que nous ne sommes jamais complètement indépendants des autres et autosuffisants, même lorsque nous avons la possibilité d'atteindre un certain degré d'autonomie morale. Mais, pour mieux comprendre ses mécanismes subtils, il faut revenir aux origines, en particulier au rôle de la confiance dans les relations entre parents et enfants. Lorsque les enfants sont petits, les adultes reçoivent en effet de leur part un appel de confiance absolue, et ils doivent être capables d'y faire face. La confiance des enfants est toujours totale, indépendamment de la « fiabilité » des adultes. Ce qui explique leur très grande vulnérabilité. Ce n'est que lorsqu'un enfant est reconnu dans ses besoins et accueilli au sein d'une famille (peu importe qu'elle soit traditionnelle ou recomposée, hétérosexuelle ou homosexuelle, etc.), qu'il peut grandir et s'autonomiser. Ce sont les marques de confiance reçue qui instituent l'enfant comme un « nouveau venu ». L'adulte doit apprendre à l'enfant à prendre confiance en lui en l'assurant de sa protection. Pour ce faire, il doit parfois accepter de lui ôter son aide, par exemple en lui retirant les roulettes de son vélo, tout en persuadant l'enfant « qu'il est capable de "se tenir"[1] ».

---

1. Laurence Cornu, « La confiance comme relation émancipatrice », *in* Albert Ogien, Louis Quéré (dir.), *Les Moments de la confiance*, *op. cit.*, p. 175.

Il en va de même dans le rapport de l'enfant avec son maître d'école : lorsqu'il fait confiance à son enseignant, l'enfant n'exerce pas de jugement à son sujet. Lorsqu'il va à l'école, il n'a en principe aucune preuve de la « fiabilité » ou de la « non-fiabilité » de son professeur dans la matière qu'il enseigne[1]. C'est d'ailleurs parce qu'il fait confiance à son enseignant sans connaître ses compétences qu'un élève peut facilement être trompé. La position qu'occupe un enseignant vis-à-vis de ses élèves, de même que celle qu'occupent les parents face à leurs jeunes enfants, donne au bénéficiaire de la confiance un pouvoir considérable. En même temps, c'est parce que cette confiance inconditionnelle est là que le rapport avec les adultes peut permettre aux enfants d'évoluer et de grandir, de découvrir le monde et de se découvrir eux-mêmes. La confiance engendre des relations fortes où la dépendance et la fragilité se mêlent toujours à la possibilité d'une transformation du moi. Mais elle permet aussi d'établir un autre rapport au temps. Apprendre à « se tenir » permet de ne pas oublier, même lorsqu'on souffre, que le futur n'est jamais « clos » et qu'on peut toujours œuvrer à ce que l'*espace des possibles* s'élargisse.

1. Voir à ce propos Lars Hertzberg, « On the Attitude of Trust », *Inquiry : An Interdisciplinary Journal of Philosophy*, 31, 3, 1988, p. 307-322.

La confiance reçue

C'est pourquoi il est si important de comprendre la manière dont peut naître (ou non) la confiance dans la structuration de chaque individu. Car cet élément psychologique sera déterminant pour l'avenir. C'est la confiance qu'ils reçoivent de leurs parents, de leurs éducateurs, et plus généralement des adultes qui les entourent, qui, peu à peu, permet aux enfants de grandir, de s'émanciper et de devenir autonomes. C'est elle, pour le dire autrement, qui donne directement accès à la confiance en soi. C'est une dynamique complexe qui doit progressivement nous permettre de comprendre que nous pouvons arrêter de tout attendre des autres, sans pour autant renoncer définitivement aux relations affectives qui nous placent – bon gré, mal gré – dans des situations de dépendance. En dépit de ce qu'on peut croire ou imaginer, en effet, il n'y a pas d'opposition entre autonomie et confiance. Ce n'est pas parce que j'apprends à penser avec ma tête et que, peu à peu, je me rends compte que mes désirs ne coïncident pas avec les désirs des autres, que je n'ai plus besoin de personne. Ce n'est pas parce que je suis une personne à part entière, un individu singulier et différent de tous les autres que je peux me passer du monde. Au contraire, l'autonomie permet de choisir non seulement quel genre d'existence on veut mener, mais aussi les personnes auxquelles on peut faire confiance. Ce qui veut dire aussi qu'il faut accepter d'être vulnérable à leur égard. C'est une chose, en effet, d'apprendre à compter sur soi et se faire confiance, tout en reconnaissant la dépendance qui nous lie à ceux en qui nous avons confiance. C'en est une autre de croire que l'autonomie est synonyme d'indépendance et que, pour être autonome, il ne faut pas faire confiance aux autres. Se méfier de tout le monde est au contraire la preuve d'une très faible confiance en soi, d'une estime de soi défaillante. « La méfiance fleurit sur nos fragilités », pour employer la belle formule de Christophe André[1].

Lorsque je pense que l'autre est toujours menaçant et qu'il ne peut porter sur moi qu'un regard intrusif ou sévère, c'est que, au fond, je n'ai pas confiance en moi. Si je refuse de montrer le moindre signe de faiblesse, je dépends en réalité étroitement de la reconnaissance des autres. Bref, je ne suis pas du tout « autonome ». Au contraire, si je fais de mon mieux pour m'affirmer et réussir dans mes projets, en ne renonçant pas à me battre lorsque je me heurte à des difficultés, si je suis aussi prêt à accepter l'échec et à entendre les critiques des autres ou encore à demander leur aide sans me sentir inférieur, cela veut probablement dire que j'ai suffisamment confiance en moi. L'autonomie personnelle est faite de l'acceptation d'une certaine dépendance aux autres, de la reconnaissance de nos faiblesses. Paradoxalement, c'est parce que nous avons

1. Christophe André, *Imparfaits, libres et heureux. Pratiques de l'estime de soi* (2006), Paris, Odile Jacob, 2009, p. 281.

une certaine confiance en nous que nous pouvons nous exposer à la critique ou au rejet.

Mais pour que cette dynamique entre l'autonomie et la confiance puisse commencer à se mettre en place dès l'enfance, il est nécessaire que les adultes renoncent progressivement au pouvoir qu'ils détiennent vis-à-vis de leurs progénitures. Sinon le risque est grand, pour ces enfants, non seulement de ne pas s'émanciper, mais même de ne jamais pouvoir se faire confiance. C'est ce que Kafka reproche à son père dans sa célèbre *Lettre*. Le regard que l'écrivain porte sur le monde est marqué à jamais par le regard d'un père qui, en abusant de son pouvoir, n'a jamais cessé de renvoyer l'enfant à ses échecs :

> Quand j'entretenais quelque chose qui te déplaisait et que tu me menaçais d'un échec, mon respect de ton opinion était si grand que l'échec était inéluctable, même s'il ne devait se produire que plus tard. Je perdis toute confiance dans mes propres actes. Je devins instable, indécis. Plus je vieillissais, plus grossissait le matériel que tu pouvais m'opposer comme preuve de mon peu de valeur ; peu à peu, les faits te donnèrent raison à certains égards[1].

Le père de Kafka impose sa propre loi sans respecter l'altérité de son fils : son fils n'existe que comme « objet » du père ; il doit obéir sans comprendre ; il doit accorder confiance sans en recevoir aucune. Car

1. Franz Kafka, *Lettre au père* (1919), Paris, Gallimard, 2002, p. 15.

tout échec du fils n'est pas présenté comme une possibilité, grâce à quoi l'enfant pourrait apprendre à dépasser les difficultés qu'il rencontre au fur et à mesure qu'il grandit. Ses échecs deviennent, aux yeux d'abord du père, ensuite du fils, la preuve même de la « nullité » du jeune Kafka. D'où l'impossibilité, pour celui-ci, d'apprendre à avoir confiance en soi, de même que sa peur constante de ne pas être à la hauteur non seulement des attentes des autres, mais aussi de ses propres attentes.

C'est ce que les psychanalystes appellent l'« introjection de l'instance surmoïque », c'est-à-dire la tendance à transformer le regard de l'autorité sur moi en mon propre regard. On devient alors soi-même son pire ennemi : on se juge constamment ; on ne se pardonne rien ; on se maltraite même, si on échoue en quelque chose. Victime d'un idéal du moi très strict, on n'est prêt à ne s'accepter que « parfait ». Et lorsqu'on ne l'est pas – ce qui arrive le plus souvent – on se fait violence. C'est la logique de la « double peine » : la violence de la punition vient s'ajouter à celle de l'échec. Ce qui augmente la souffrance et fragilise encore davantage l'estime de soi.

De la reconnaissance

Enfants, nous dépendons entièrement du regard que les parents portent sur nous. Face à un regard qui juge en permanence, il est difficile de s'accepter avec ses fragilités. L'enfant est tiraillé par des pulsions, qu'il va essayer d'éliminer, pensant qu'elles font de lui quelqu'un de mauvais, au regard des souhaits de ses parents. Plus tard, il risque de chercher sans cesse un regard d'approbation et s'il fait défaut, la peur de ne pas être à la hauteur reviendra en force, minant définitivement la possibilité de se faire confiance. Comme Freud l'a bien expliqué, en effet, le surmoi est l'une des trois instances de la personnalité de chacun, une instance qui tient, à l'égard du moi, un rôle de juge, de critique et de censeur[1]. C'est donc ce qui nous pousse à nous améliorer et à donner le meilleur de nous, au lieu de jouer constamment le rôle d'imposteur[2]. Mais lorsque sa place est disproportionnée, car le regard des parents n'a pas été suffisamment rassurant et qu'il ne nous a pas mis en confiance, on peine à se faire confiance et s'autonomiser. C'est pourquoi Freud qualifie le surmoi d'« instance judiciaire de notre psychisme », ce qui pèse sur nos actes en les jugeant, en les inhibant, en suscitant honte et culpabilité.

Ce n'est que lorsque les adultes renoncent à être « les pourvoyeurs tout-puissants, et sans terme, d'un cocon[3] », les réceptacles d'une confiance aveugle qui

1. Sigmund Freud, « Le moi et le ça » (1923), in *Essais de psychanalyse*, Paris, Payot, 1981.
2. Patrick Avran, *Les Imposteurs. Tromper son monde, se tromper soi-même*, Paris, Seuil, 2009.
3. Laurence Cornu, « La confiance comme relation émancipatrice » *in* Albert Ogien, Louis Quéré (dir.), *Les Moments de la confiance*, *op. cit.*, p. 176.

ne permet pas aux enfants de se détacher d'eux, que les jeunes peuvent grandir, devenir autonomes, avoir confiance en eux et, finalement, être capables de faire aussi confiance aux autres. L'enfant a besoin d'être « reconnu » par ses parents.

Cette question de la « reconnaissance » est aujourd'hui devenue centrale. Elle connaît un véritable renouveau grâce aux travaux du philosophe allemand Axel Honneth, qui perpétue la tradition de l'École de Francfort. Mais elle est assez complexe et il faut en dire un peu plus. Développant son cadre théorique à partir d'une relecture des textes du jeune Hegel, Honneth s'appuie aussi sur la pensée de certains psychanalystes (Mead, Winnicott). Il distingue trois vecteurs de « reconnaissance » : l'amour, le droit et le travail. Qu'il s'agisse de l'amour, qui conditionne la confiance en soi, du droit, qui garantit le respect de soi, ou du travail, qui rend possible l'estime de soi, dans chaque cas il y a des liens étroits entre la « reconnaissance » et la mise en place d'une société dans laquelle chacun peut avoir la possibilité d'être respecté dans sa dignité. Celle-ci, en effet, n'est pas une propriété intrinsèque et abstraite qu'il faudrait défendre envers et contre tout, parfois même en allant à l'encontre des aspirations et des désirs des personnes. Respecter la dignité d'une personne c'est respecter chacun dans sa spécificité et ses différences, même lorsqu'on ne partage pas ses opinions et ses projets. C'est pourquoi la « reconnaissance » est censée conduire à l'autonomie, dans un climat de confiance mutuelle. Pour que cette confiance puisse réellement se développer, cependant, il faut que chacun renonce à son désir d'emprise et de domination des autres. D'où le rôle extrêmement important que joue l'amour, notamment dans le processus d'émergence et de consolidation de la confiance personnelle.

Sans l'expérience de l'amour – un amour qui prend soin de nous tout en nous donnant des instruments pour que nous puissions nous émanciper – je ne peux ni avoir confiance en moi ni faire confiance aux autres. La forme de reconnaissance de l'amour, en effet, « relie continuellement l'expérience de la capacité à être seul à celle de la fusion avec autrui [1] ». C'est lorsque je suis sûr de l'amour de mes parents que je commence à acquérir autonomie et confiance : je peux rester seul sans en mourir, même si je souffre de ma solitude ; je peux découvrir le monde qui m'entoure, même si au départ il me fait peur ; je peux apprendre à compter sur moi, même si je commets des erreurs et fais l'expérience de l'échec.

Un gage d'autonomie

C'est tout le contraire de l'histoire de Kafka, telle qu'il nous la livre sans sa *Lettre au père*, mais telle aussi qu'elle apparaît dans ses propres romans, notamment dans *Le Procès*. Ce roman retrace l'histoire d'un homme qui ne

1. Axel Honneth, *La Lutte pour la reconnaissance* (1992), Paris, Cerf, 2000, p. 129.

semble pas bien saisir la signification de ses actes et qui ne sait plus ce qu'il doit ou ne doit pas faire. L'arbitraire règne, quand ce n'est pas l'absurde. Comme l'explique Max Brod, ami et biographe de Kafka : « Ce qu'a fait K., le héros du *Procès*, nous ne le savons pas. D'après la morale bourgeoise, il est probablement innocent. On ne peut dire grand-chose ou peut-être rien à sa charge. Cependant, il est diabolique en toute innocence. Il a contrevenu de quelque façon aux lois d'une vie juste. Un tribunal mystérieux lui demande des comptes et finalement, il est exécuté la veille de son trente et unième anniversaire, dit le chapitre final[1]. » On sait que Joseph K. est arrêté un beau matin par des policiers mystérieux qui ne veulent pas lui expliquer les raisons de son arrestation. On comprend que notre héros reste libre de ses mouvements : tout en ayant été arrêté, il peut aller travailler à la banque[2]. On découvre aussi que, progressivement, K. ne pourra plus ignorer qu'un procès lui est intenté. Mais on n'en saura pas plus. Les instances qui accusent K. resteront énigmatiques : « Qui m'accuse ? Quelles autorités ont lancé la procédure[3] ? »

Notre héros essaiera en vain de se faire entendre par la haute cour. Mais son attitude n'est pas sans ambiguïté.

---

1. Max Brod, *Franz Kafka. Souvenirs et documents*, Paris, Gallimard, 1949. Pour une analyse du *Procès*, voir aussi Enst Pawel, *Franz Kafka ou le cauchemar de la raison*, Paris, Seuil, 1988.

2. « Comment puis-je aller à la banque, si je suis en état d'arrestation ? — Ah ! fit l'inspecteur qui se trouvait déjà près de la porte, vous m'avez mal compris ; vous êtes en état d'arrestation, certes, mais cela ne doit pas vous empêcher d'exercer votre profession » (Franz Kafka, *Le Procès*, Paris, Le Livre de Poche, 2001, p. 59).

3. *Ibid.*, p. 56.

C'est K. lui-même qui laisse planer le soupçon qu'une loi a été violée, qu'une faute a été commise. La culpabilité de l'accusé est aussi essentielle qu'énigmatique :

> K. n'était pas si effrayé d'avoir trouvé en cet endroit les archives de la justice que de constater son ignorance de toutes les choses du tribunal. Il lui semblait que la grande règle devait être pour un accusé de se trouver toujours prêt à tout, de ne jamais se laisser surprendre, de ne pas regarder à droite quand son juge se trouvait à gauche, et c'était justement contre cette grande règle qu'il recommençait toujours à pécher[1].

Le monde dans lequel vit K. est un monde angoissant, où il n'y a plus de place pour la confiance. Est-il toutefois réellement étranger à ce qui lui arrive ? Kafka laisse planer le doute en abandonnant son héros à un destin tragique. C'est la faute qui est première, face à un homme à jamais désemparé à cause de son manque de confiance. Mais comment pourrait-il en être autrement dès lors qu'il n'a pas été reconnu et qu'il n'a pas été lui-même mis en confiance ? Comment devenir un acteur autonome de sa propre vie, s'il n'y a pas eu, dès l'enfance, la possibilité de découvrir une capacité d'agir par soi-même ? C'est dans le passage de la confiance-abandon, celle de l'enfance, à une confiance non aveugle, que surgit l'autonomie. C'est *par* et *avec* elle qu'on découvre aussi la possibilité d'accepter sa propre vulnérabilité.

---

1. *Ibid.*, p. 210.

L'échec du chantage

Les enfants ressentent le temps de façon proportionnelle à leur âge. C'est ce qu'explique le psychiatre Stéphane Clerget en évoquant les troubles liés à la séparation des parents. Pour un enfant d'un an, nous dit-il, une semaine correspond à trente semaines pour un adulte de trente ans... Je me demande ce qui peut bien se passer dans la tête d'un enfant qui n'a pas encore appris à « être seul » et qui ne voit pas sa mère, ne serait-ce que quelques mois... Pourra-t-il jamais faire confiance à quelqu'un ? Ne sera-t-il pas toujours hanté par la peur de la perte définitive de l'autre ? Je repense à l'une de mes meilleures amies qui a connu une situation de ce genre quand elle était très jeune. Lorsqu'elle avait un an et demi, sa mère avait eu des problèmes de santé et était partie à l'hôpital. Pour je ne sais quelle raison, on ne l'avait jamais emmenée voir sa mère et elle était restée seule pendant trois mois. Elle en parle comme d'un fait anodin, sans importance. Pourtant, elle n'arrive pas à faire confiance aux autres et toutes ses relations affectives avec les hommes se terminent par un échec. Presque toujours de la même façon. Chaque fois, elle me raconte avoir rencontré l'homme de sa vie. Elle s'abandonne à l'autre tout de suite, sans réserve, avant même de l'avoir connu. Très vite, cependant, elle se sent trahie et blessée. Il suffit d'un coup de fil qu'elle attendait et qui n'arrive pas. D'une parole déplacée. D'un simple oubli.

La conclusion qu'elle en tire est souvent radicale : « Je lui avais fait entièrement confiance. Je me suis trompée. Il m'a trahie. » Ce qu'elle ne voit pas, c'est qu'elle croit faire confiance, mais qu'en réalité, c'est exactement l'inverse. Elle fait tout pour mettre l'autre en échec. Elle ne prend pas le temps de construire un espace de partage où la confiance puisse peu à peu se mettre en place. La confiance qu'elle croit accorder à l'autre est en réalité un chantage : « Je m'abandonne à toi, mais en retour il faut que tu répondes parfaitement à mes propres attentes. Sinon je te quitte. » Comment lui en vouloir ? Elle doit probablement rejouer inconsciemment le drame de l'abandon qu'elle a vécu quand elle était petite. Mais tant qu'elle n'acceptera pas la « différence » de l'autre, le fait que chacun ne peut donner plus que ce qu'il *est*, plus que ce qu'il *a*, tant qu'elle n'arrivera pas aussi à accepter les temps de l'autre, elle ignorera la signification du mot « confiance ». Elle continuera à chercher une « certitude » qui lui a fait défaut dans son enfance, là où dans les relations adultes aucune certitude n'existe.

L'équilibre instable

« Les relations affectives primaires supposent un équilibre précaire entre autonomie et dépendance », écrit Axel Honneth lorsqu'il fait de l'amour le point de départ de sa théorie de la reconnaissance[1]. Tout attachement à autrui, en effet, se fonde sur la tension présente dès la toute petite enfance, entre « sacrifice symbiotique » et « affirmation individuelle de soi ». C'est cette tension qu'il faut analyser pour comprendre les mécanismes de la confiance mutuelle, cette confiance qui est au cœur des relations d'amour et d'amitié et sans laquelle ni l'amour ni l'amitié ne sont finalement possibles.

L'enfant, nous l'avons vu, n'arrive pas tout de suite à faire la différence entre « soi » et les « autres ». Il vit en symbiose avec sa mère, en s'abandonnant complètement à ses soins. Ce n'est que progressivement qu'il passe d'un état de « dépendance absolue » à un état de « dépendance relative » et qu'il apprend à « être seul ». Mais pour cela, il faut que l'enfant puisse avoir confiance dans la sollicitude des personnes qui s'occupent de lui, notamment dans l'amour de sa mère. En d'autres termes, il faut que l'enfant puisse faire l'expérience de la « permanence » de l'affection maternelle : même lorsque la mère n'est pas avec lui, elle continue à l'aimer ; ses absences ne sont pas définitives et, après l'absence, la mère revient vers son enfant. Si l'amour maternel est solide et durable, l'enfant peut s'appuyer dessus pour développer un sentiment de confiance ; c'est l'« existence ininterrompue d'une mère à qui l'on peut se fier » qui permet à l'enfant de ne pas craindre d'être abandonné. Rien n'est d'ailleurs

1. Axel Honneth, *La Lutte pour la reconnaissance*, *op. cit.*, p. 117.

plus traumatique, pour une personne, que de n'avoir pas eu la possibilité d'expérimenter la permanence de l'amour maternel.

Si je suis abandonné réellement, parce que ma mère s'en va et qu'elle ne revient plus, ou symboliquement, parce que ma mère, ayant elle-même des problèmes non résolus, est incapable de m'offrir les gestes et les attentions dont j'ai besoin, c'est mon sentiment de confiance qui peut être définitivement ébranlé. Dans le premier cas, l'abandon que je vis entraîne non seulement la perte douloureuse d'un objet d'amour – la « mère-objet » selon la formule de Winnicott[1] –, mais aussi la perte de ce qui me permet de ne pas éclater en mille morceaux, de garder mon unité identitaire – la « mère-environnement ». En perdant ma mère, je perds non seulement son amour, mais aussi mes propres points de repère. Dans le deuxième cas, les gestes d'amour intermittents et les changements d'humeur de ma mère ne me permettent pas d'être sûr de son affection. C'est pourquoi je ne peux rester seul sans anxiété : je ne sais pas si elle continue de m'aimer lorsqu'elle ne me parle pas ou qu'elle ne me regarde pas et qu'elle tourne ailleurs son attention. Comment pourrais-je, avec une expérience de ce genre, faire confiance à quelqu'un ? N'ayant pas pu expérimenter la permanence de l'amour de ma mère, commet pourrais-je croire à une quelconque solidité des affections ? Ayant

1. Donald W. Winnicott (1984), *Agressivité, vulnérabilité et réparation*, Paris, Payot, 2004.

été profondément blessé lorsque je dépendais complètement d'elle, comment pourrais-je ne serait-ce que songer à accepter de dépendre de quelqu'un d'autre ?

Même si, plus tard, je tombe amoureux, je risque inconsciemment de tout mettre en œuvre pour être de nouveau abandonné et revivre ce que j'ai ressenti, étant enfant, comme une trahison de ma confiance. Comme si je cherchais à confirmer la certitude qui est en moi, qu'aucune confiance en l'autre n'est possible. Le passage traumatique du « tout » au « rien » que j'ai vécu dans mon enfance, lorsque j'ai basculé de la fusion symbiotique avec ma mère à la solitude extrême, va me hanter tout au long de mon existence et me pousser à la répétition. Je peux alors être pris au piège d'une double façon. Soit je décide (consciemment ou inconsciemment) de ne jamais faire confiance aux autres et je fuis tout engagement, soit je décide (encore une fois consciemment ou inconsciemment) de « réparer » ma blessure en recherchant un nouvel objet d'amour (l'« objet perdu » dont nous parle Freud) avec lequel rétablir un état de confiance totale et aveugle, et alors je resterai à jamais prisonnier du rêve du « prince charmant ». Dans les deux cas, cependant, je montre mon incapacité à faire confiance et à construire des rapports durables fondés sur la confiance mutuelle. Dans les deux cas, la confiance est « trompée ». Mais pour mieux expliquer ce que j'entends par « confiance trompée » il faut analyser ces deux pièges dont on vient de parler.

Commençons par la première situation, celle où je suis dans l'incapacité de m'ouvrir réellement à autrui. Si je ne m'ouvre pas aux autres, c'est parce que je me protège constamment : j'évite que l'autre puisse avoir accès à mon intimité ; je suis froid et sans tendresse. Étant convaincu que, d'une façon ou d'une autre, ma confiance va être trahie, j'esquive le problème avant même qu'il puisse surgir, ne laissant aucune porte ouverte à l'amour. C'est ainsi que Stéphane, le luthier d'*Un cœur en hiver*, le film de Claude Sautet, reste coupé de la vie. Muré dans son silence distancié, il n'arrive pas à s'ouvrir à l'amour de Camille, même lorsqu'elle le place face à l'évidence du sentiment. Après avoir joué le jeu de la séduction, il est pris au piège de l'hiver de son cœur et ne parvient pas à sortir de la solitude dans laquelle il vit.

S'ouvrir à quelqu'un signifie lui donner la possibilité de découvrir mes défauts, mes faiblesses, mes fragilités. Lorsque quelqu'un n'a pas confiance en soi, il se construit une carapace censée le protéger des autres. Il fabrique un personnage capable de jouer la comédie du succès et de l'indépendance. Il peut même réussir à se convaincre de n'avoir aucun besoin des autres. Jusqu'à la mise en scène d'un « super-moi », un personnage social qui protège la personne sous-jacente. J'ai connu une femme très belle qui se vantait du nombre d'hommes qu'elle arrivait à séduire et à faire souffrir : elle les « collectionnait » comme s'il s'agissait de trophées. Je me souviens d'avoir éprouvé de l'admiration pour elle. Moi qui avais parfois souffert, je cherchais à comprendre les clés de sa réussite. Quelques années plus tard, je l'ai rencontrée à une soirée, un peu par hasard. Elle n'avait pas spécialement « bien vieilli » et son pouvoir sur les hommes s'était émoussé. Mais elle était surtout malheureuse. Son indépendance était devenue une véritable prison. Désormais seule, elle me confessait regretter son incapacité à se laisser aller et aimer…

La tentation de la symbiose

Lorsqu'on passe à la deuxième situation, les difficultés ne sont pas moindres. Lorsque je cherche à reproduire l'état de bonheur dans lequel je me trouvais quand il n'y avait pas de séparation entre moi et ma mère, je tombe dans le piège de la fusion. Au début de la relation amoureuse, je peux croire revivre le bonheur de mon enfance. Mon désir me fait vivre presque en symbiose avec l'autre. Mais quand la relation évolue et que je suis obligé de sortir de cette symbiose, je me rends compte que je ne suis pas capable d'accepter ce développement naturel du lien amoureux. N'ayant pas pu expérimenter la permanence de l'affection maternelle, j'ai le sentiment de ne plus exister pour l'autre dès que celui-ci n'est pas avec moi. Je ne supporte aucune absence de l'autre, au point de l'étouffer et de provoquer, malgré moi, l'éloignement définitif de celui que j'aime. Ce que je crains le plus finit ainsi toujours par arriver : ayant connu l'abandon, j'ai malgré moi tendance à faire en sorte que cela se reproduise – ce que certains épistémologues appellent la « prophétie autoréalisante » (*self-fulfilling prophecy*).

Dans un ouvrage célèbre, Robin Norwood analyse l'histoire d'un certain nombre de femmes qui se retrouvent justement prises au piège de ce genre de mécanisme[1]. Elle parle de « dépendance affective » pour décrire l'état de ces femmes qui confondent souvent amour et souffrance et qui, n'ayant pas confiance en elles, rêvent du grand amour : l'amour où chacun ne s'épanouit que *par* et *pour* l'autre ; l'amour exclusif censé récréer une forme de symbiose avec l'autre, même si, dans cette fusion archaïque, il n'y a plus de place pour l'autonomie et l'indépendance psychologique de chacun. C'est ainsi que Cécile, dans le roman de Benjamin Constant, cherche son bonheur en se dévouant complètement à l'homme qu'elle aime, faisant dépendre son existence des désirs de son amant : « Cécile était à mes ordres. Quand j'étais absent, elle ne se plaignait point et cherchait à se distraire. Dès que je revenais, elle renonçait au monde et ne vivait plus que pour moi[2]. » Une femme de ce genre cherche à bâtir des relations fondées non pas sur la confiance mutuelle, mais sur un échange parfait, sur un rapport sans faille entre deux êtres. Ce qui finalement détruit la possibilité même de la confiance. Ce n'est pas le fait d'avoir besoin de l'autre, en effet, qui pose problème. La dépendance est inhérente à la vie et elle pousse chacun à rechercher celui ou celle qui pourrait fantasmatiquement combler

1. Robin Norwood, *Ces femmes qui aiment trop* (1990), Paris, J'ai lu, 2003.
2. Benjamin Constant, *Cécile* (1816), Paris, Gallimard, 1951.

son propre manque. Le problème commence dès lors qu'on croit que l'autre peut (et doit) combler réellement tout manque et satisfaire tout besoin. Si je m'accorde peu d'importance et que je manque de confiance en moi, il se peut que j'en arrive à faire un trait sur ce que je ressens et mette toute mon énergie au service de l'autre. Je peux même décider de me sacrifier au nom de cet amour, de nier ce que je suis et ce que je ressens pour ne pas déranger l'autre.

Pour ces personnes, les signes de reconnaissance et d'affection ne sont jamais suffisants. Elles en veulent toujours davantage, comme si leur vie en dépendait. Que puis-je faire de plus pour lui prouver combien il est important pour moi ? Le problème, toutefois, n'est pas de « faire plus », mais de le faire autrement ; voire d'en faire moins... Si je m'aliène, non seulement je n'obtiens pas l'estime et l'affection de l'autre, mais je détruis aussi un peu plus la confiance que je peux avoir en moi.

Dans des relations qu'on pourrait qualifier de normales – sans pour autant donner à ce terme une quelconque valeur normative – les moments de fusion laissent généralement place à d'autres moments : on vit la fusion quand on fait l'amour et que l'on se laisse aller à la jouissance érotique, mais on vit aussi des moments de séparation pendant lesquels chacun est pris par d'autres activités, s'intéresse à d'autres personnes, se recentre sur soi pour comprendre ce dont il a besoin. C'est l'alternance de ces moments différents qui permet à chacun de vivre de façon autonome ses relations affectives, en évitant le danger d'une dépendance totale à l'égard de l'autre. On ne peut faire confiance à quelqu'un que si l'on dispose d'un certain équilibre intérieur permettant d'affronter les éventuelles déceptions de la vie – qui résultent d'une « rupture » de la confiance – sans que cela provoque un effondrement personnel majeur. La confiance est d'autant plus grande qu'on supporte l'existence de l'incertitude et la possibilité de la trahison.

À l'épreuve de la trahison

C'est parce que je m'abandonne à l'autre que j'espère qu'il sera motivé à ne pas trahir ma confiance et à s'en montrer digne. Pourtant, c'est justement parce que j'ai confiance en quelqu'un que je peux être déçu et trahi par lui. C'est parce que je m'abandonne à sa bienveillance qu'il peut profiter de ma vulnérabilité et me blesser. La confiance humaine, en effet, « contient en elle-même le germe de la trahison[1] » et se nourrit des faiblesses et des défaillances des uns et des autres. Avoir confiance en quelqu'un ne signifie pas qu'on peut s'appuyer complètement sur cette personne ou attendre à tout moment son aide et son soutien. Avoir confiance, c'est au contraire admettre la possibilité du changement, de la trahison, du revirement.

1. James Hillman, *La Trahison et autres essais* (1975), Paris, Payot, 2004, p. 16.

D'un certain point de vue, confiance et trahison sont intimement liées. Non seulement la confiance que je peux avoir en autrui n'exclut pas la possibilité que celui-ci me trahisse, mais c'est parce que j'ai confiance en lui qu'il a la possibilité et le pouvoir de me trahir : c'est le mari qui trompe sa femme ; c'est un proche qui trahit l'ami ; c'est le patriote qui trahit sa patrie. La trahison et l'infidélité interviennent toujours à l'intérieur d'un rapport qui se fonde sur la confiance. « La confiance se rapporte donc toujours à une alternative cruciale dans laquelle le dommage lié au bris de confiance serait plus grand que l'avantage à retirer du respect de la confiance[1]. » À la différence de l'espoir qui élimine les contingences, la confiance se fonde sur la prise en compte de ces contingences ; elle ne peut jamais se muer en assurance. C'est pourquoi elle ne peut jamais être totalement « fondée » : elle peut surgir grâce à une « extrapolation » à partir des informations disponibles ; le plus souvent, cependant, elle naît sans s'appuyer sur des informations et se développe bien au-delà des extrapolations possibles. Elle est, par essence, une entreprise risquée, sans garantie. La possibilité de la trahison la guette constamment. Cette possibilité, pourtant, ne suffit pas à la détruire.

Certes, chaque fois qu'elle a lieu, la trahison surprend et blesse, ne serait-ce que parce qu'elle surgit justement à l'intérieur d'un rapport de confiance. Et cela, indépendamment des raisons pour lesquelles on

1. Niklas Luhmann, *La Confiance*, *op. cit.*, p. 26.

fait confiance, ainsi que des qualités de celui en qui l'on a confiance. Mais confiance et trahison sont, chacune à sa façon, une manifestation d'humanité : l'être humain a besoin de confiance, mais il n'échappe jamais durablement à ses faiblesses. Il n'y a pas de relation authentiquement humaine ni de lien qui ne connaisse des doutes et des incompréhensions. Espérer pouvoir vivre et aimer sans jamais être blessé ou trahi, croire que toute parole donnée est un engagement qui lie éternellement, c'est ne pas comprendre que la confiance est avant tout ce qui rend possible le surgissement d'une relation intense, mais qu'elle est aussi ce qui rend cette même relation fragile : aucun rapport intime et profond n'est à l'abri des fluctuations du temps et du désir. Une relation bâtie sur la confiance est avant tout un rapport qui se développe et évolue à partir de la certitude que c'est avec l'autre que je peux chercher à traverser mon propre manque, le manque-à-être ontologique, selon la belle expression de Lacan, qui caractérise chaque personne[1].

« Il y a toujours quelque chose d'absent qui me tourmente », écrivait Camille Claudel dans une lettre à Rodin. C'est ce « quelque chose d'absent » qui est d'ailleurs le signe de mon humanité, ce que je peux partager avec celui en qui j'ai confiance. Cette traversée et ce partage se font cependant toujours au prix du renoncement à l'idée d'une confiance absolue.

1. Jacques Lacan, *Écrits*, *op. cit.*, p. 565.

Ambivalences et ambiguïtés

Dans toute relation humaine, se mêlent pertes et retrouvailles, distances et coïncidences. D'où le « faire face » à deux de la confiance, un « faire face » qui m'oblige cependant à accepter que l'autre reste toujours « autre ». Chacun a ses côtés obscurs que je ne pourrai jamais éclaircir. Si je crois pouvoir annuler tout cela en faisant de la lumière là où persiste l'opacité, ou en remplissant tout espace « vide », c'est que je ne comprends pas que la rencontre avec l'autre se fonde aussi sur la différence, le non-dit, le secret. Mais c'est surtout que je refuse de voir la complexité inhérente à la condition humaine. Comme tout le monde, moi aussi je peux dire « autre chose » que ce que je dis littéralement ; je peux affirmer quelque chose tout en pensant le contraire, parfois sans en être moi-même conscient. Toutes nos paroles et toutes nos actions sont accompagnées de « doubles étrangement inquiétants[1] ». Mais si nous sommes tous si ambivalents, sur quoi pouvons-nous, alors, fonder la confiance ?

Dans toute relation authentique, la confiance joue un rôle absolument central. Sans confiance, aucune relation intime ne peut naître ni se développer, qu'il

1. Jean-Pierre Winter, « Variations sur un même thème ou la parole donnée », *in* C. Wajsbrot, *La Fidélité. Un horizon, un échange, une mémoire*, Paris, Éditions Autrement, 1991, p. 206.

s'agisse d'une relation d'amitié ou d'amour. Mais cette confiance qui « scelle » une relation ne pourra jamais être une garantie contre une éventuelle trahison. Pour qu'une cure psychanalytique puisse s'engager, par exemple, il faut que l'analyste comme l'analysant acceptent de jouer le jeu du transfert et du contre-transfert. Mais la confiance qui naît et qui se développe dans le transfert doit tenir compte du fait que toute voix en cache une autre : parfois je dis ce que je nie et je nie ce que j'affirme. Dans ce contexte spécifique, pour ne pas trahir son analysant, l'analyste ne peut tout prendre au pied de la lettre ; mais il ne doit pas non plus lire entre les lignes du discours de l'analysant et imposer à celui-ci sa propre interprétation. Ce serait, en effet, le trahir de façon encore plus profonde.

Si je vis de façon douloureuse le morcellement du moi et que je commence une analyse, il faut que je puisse retrouver le chemin de l'intégration grâce à l'écoute de mon psychanalyste. Il faut donc que, progressivement, j'arrive à formuler ma plainte, en ayant confiance en lui. Mais comment peut-il se montrer digne de ma confiance ? Doit-il se conformer aux exigences d'une relation sans danger et me promettre, par exemple, sa loyauté, ou doit-il me montrer, séance après séance, l'impossibilité d'écarter définitivement l'éventualité d'une trahison ?

Si la confiance grandit au fur et à mesure que je constate que mon analyste est capable d'entendre ma douleur, elle risque de s'effondrer si celui-ci, au lieu de me suivre dans ma plainte sans fin, cherche au contraire à « contenir » mes débordements. N'est-il pas là pour m'accompagner jusqu'au bout de ma plainte ? N'est-il pas là pour m'aider à panser mes blessures ? En réalité, aucun analyste ne peut prétendre devenir un rempart tout-puissant contre la fuite de sens, sous peine de s'éloigner de l'authenticité de la relation et de faillir à sa mission. Il ne ferait alors que se conformer à mes attentes, se figer dans un rôle, en essayant de demeurer tel que je l'imagine d'une manière immuable. Il deviendrait finalement l'image d'un substrat idéal de la confiance, ce qui non seulement lui ôterait toute liberté, mais m'empêcherait aussi de comprendre la valeur de réalité de la confiance. C'est paradoxalement en montrant qu'il n'y a pas de confiance possible sans trahison qu'il peut m'indiquer le chemin à suivre pour reprendre contact avec ma propre réalité et ma propre intimité.

La justesse de son rôle apparaît lorsqu'il est là, parfois sans pouvoir rien faire, dans l'impuissance que crée la distance entre le moi et non-moi. Mais c'est dans cet espace-là que se joue la rencontre avec l'objet perdu qui me fait défaut et qui me blesse. La perte et le vide que l'analysant met en scène récréent les conditions du lien : pour qui existe-t-on ? pour l'amour de qui ? Des questions auxquelles il n'y a jamais de réponse précise… Mais c'est parce que j'ai confiance en mon psychanalyste que je peux enfin arriver à me les poser moi-même.

Il en va de même, *mutatis mutandis,* dans les histoires d'amour. Dans un couple, la tentation est grande, au moins dans les premiers temps, de fusionner complètement avec l'autre, d'abandonner ses dernières réserves et de se « perdre » l'un dans l'autre. L'amour est alors perçu comme un univers clos, à l'intérieur duquel personne d'autre n'a accès. Mais, la plupart du temps, cela va menacer considérablement non seulement l'avenir de la relation, mais aussi la possibilité de voir surgir la confiance mutuelle. « Seuls peuvent se donner entièrement sans danger, écrit Simmel, les êtres qui ne peuvent pas se donner entièrement, parce que la richesse de leur âme est fondée sur une évolution permanente qui fait que chaque don engendre immédiatement de nouveaux trésors[1]. » Ainsi, dans le film de Truffaut *La Femme d'à côté* (1981), la passion entre Mathilde et Bernard conduit les deux amants à leur perte. Après avoir vécu une histoire d'amour intense et bouleversante et avoir décidé de se séparer, Bernard semble avoir enfin trouvé le bonheur avec Arlette. Quant à Mathilde, elle s'est mariée avec un homme plus âgé qu'elle qui semble lui apporter l'équilibre. Tout s'effondre, cependant, lorsque les deux amants se retrouvent. En reprenant leur liaison, ils basculent dans un passé tragique qu'ils croyaient avoir exorcisé. La puissance possessive de la passion s'empare peu à peu des deux amants. À la recherche d'une fusion symbiotique, où les identités se trouvent inextricablement mêlées, Mathilde et Bernard sombrent dans la dépendance et la manipulation

1. Georg Simmel, *Secret et sociétés secrètes*, Paris, Circé, 1991, p. 37.

mutuelles, jusqu'à un tourbillon vertigineux qui les conduit à la mort.

Manipulation et perversion

S'il n'y a pas de confiance sans trahison possible, la trahison volontaire détruit, en revanche, l'essence même de la confiance : quand je cherche à obtenir la confiance d'une personne uniquement afin de la trahir, je me place d'emblée dans une attitude perverse. C'est ce qu'on appelle la manipulation : j'utilise le pouvoir que me donne le simple fait que l'autre se rend vulnérable et dépendant pour abuser de sa confiance. C'est ce que montre remarquablement bien le roman d'Henry James *Portrait de femme*, qui raconte l'histoire d'une jeune et riche héritière dont la confiance naturelle dans les autres en fait la proie facile de cyniques mondains et intrigants. Intelligente, orgueilleuse, volontaire et droite, Isabel Archer est convaincue de pouvoir choisir toute seule son propre destin. La vie lui semble une grande aventure dont chacun a le devoir de profiter pleinement. Mais si elle a raison de ne pas vouloir s'enfermer à l'intérieur d'un chemin tout tracé, Isabel a trop de certitudes. Sa confiance en elle-même est à la fois « innocente » et « dogmatique », nous explique Henry James ; son désir d'avoir une bonne opinion d'elle-même est « insatiable » : « Sa vie serait toujours en harmonie avec l'impression la plus plaisante qu'elle pourrait produire ; elle serait ce qu'elle semblait être et semblerait être ce qu'elle était[1]. » Mais qu'en est-il de cette grande confiance lorsque Isabel arrive en Europe et qu'elle découvre le vieux continent ?

Dès son arrivée en Angletèrre, un des cousins d'Isabel, Ralph, s'interroge en amoureux transi et inquiet sur ce qu'elle va faire de sa vie ? Comment va-t-elle utiliser sa liberté ? Aura-t-elle le courage de ne pas céder aux hommes qui voudront l'épouser ? Ralph surestime sa cousine, car l'optimisme béat d'Isabel et sa confiance inconditionnelle dans les autres seront à l'origine de sa perte. Après avoir fait la connaissance de Mme Merle et être tombée sous le charme néfaste de cette femme hypocrite et ambitieuse, Isabel commettra une autre méprise en épousant un dandy américain calculateur et pervers, Gilbert Osmond. Cette union n'est qu'une machination. Mme Merle et Osmond ne s'intéressent en réalité qu'à son argent. Mais Isabel tardera à s'en rendre compte. Une fois partie vivre avec son mari en Italie, elle prendra conscience de sa tragique erreur. Mais il est trop tard. Trop fière pour s'avouer son échec, elle restera prisonnière de son devoir et ne voudra pas rompre son mariage, même lorsque, lors d'une ultime visite à son cousin Ralph, qui se meurt en Angleterre, elle hésite à retourner en Italie. Mais c'est son premier et dernier acte de rébellion car, après le

1. Henry James, *Portrait de femme* (1881), Paris, 10/18, 1996, p. 62.

décès de son cousin, elle ne peut s'empêcher de retourner chez son mari. Son sens du devoir l'emporte, en dépit du fait que les manipulations de son mari ont définitivement brisé sa confiance.

Ce genre d'abus de confiance n'est malheureusement pas rare. Il existe des individus ambigus et contradictoires qui arrivent à manipuler les gens qui les entourent en effaçant toute forme d'esprit critique, au nom de la confiance ! Leur arme principale est l'habileté, une habileté qui leur sert à exercer leur emprise sur les autres, tout en les tenant constamment à distance[1]. Souvent, ils n'hésitent pas à jouer de la dissimulation, simulant des qualités conformes aux attentes de leurs proches pour se faire aimer, tout en dissimulant dans leur for intérieur leurs sentiments véritables. Souvent ils mettent en avant leurs bonnes intentions pour piéger l'autre. Quand un père dit à sa fille : « Tu ne dois pas te fier aux hommes, ma fille. Fais-moi confiance ! », elle se retrouve automatiquement dans une impasse. Comment peut-elle faire confiance à un homme (son père), tout en ne se fiant pas aux autres hommes ? Si elle l'écoute et qu'elle décide (consciemment ou inconsciemment) de ne pas faire confiance aux hommes, elle finit par être prise au piège d'une confiance aveugle dans un homme qui l'empêche de vivre une relation amoureuse épanouie. Si elle ne l'écoute pas, elle peut se sentir coupable de ne pas avoir écouté son père et risque

1. Voir à ce propos Marie-France Hirigoyen, *Le Harcèlement moral*, Paris, La Découverte, 1998.

de l'entendre un jour le lui reprocher, surtout si elle vit une déception amoureuse. Même si, au fond, elle n'a fait rien d'autre que prendre au pied de la lettre ce que son « père pervers » lui disait...

Les problèmes, avec ce genre d'individus, c'est qu'ils sont dotés d'une combativité extrême et d'une faculté de rebond remarquable. Ils aiment « gagner ». Et pour gagner, ils sont prêts à tout, surtout lorsqu'il s'agit de déstabiliser l'autre, voire de le « détruire » psychiquement. Il y a chez eux un sentiment de toute-puissance : ils croient pouvoir tout contrôler et tout savoir du monde. D'où leur capacité à persuader les autres d'agir selon leurs souhaits, même lorsque cela peut avoir des effets néfastes. C'est la notion même de respect qui leur fait défaut : « La perversité ne provient pas d'un trouble psychiatrique mais d'une froide rationalité combinée à une incapacité à considérer les autres comme des êtres humains[1]. »

Tout en s'érigeant en « donneurs de leçons », ils ne croient pas qu'une personne, en tant que telle, mérite du respect. Le respect, pour eux, se mérite, se gagne, s'arrache... par la capacité à « faire faire » et « faire être » les autres. Pour arriver à leurs fins, ils utilisent leur habileté dialectique et leur propension à soutenir à chaque fois une chose et son contraire pour culpabiliser les autres et les rendre responsables de leur

1. *Ibid.*, p. 12.

propre malheur. La perversité qui les caractérise révèle un déni de l'autre dans son identité et sa personnalité, tout en donnant le sentiment d'une écoute attentive. Leur pouvoir de conviction est souvent immense, en dépit des dommages collatéraux qui peuvent en découler pour leur entourage… Pris en flagrant délit de manipulation, ces dissimulateurs sont capables de nier avec un aplomb hors du commun… Un père qui a tout fait pour empêcher sa fille de grandir, de s'épanouir, de vivre des relations avec les autres hommes – pour reprendre l'exemple du « père pervers » – répondra que tout ce qu'il a fait était dans l'intérêt de son enfant. Il dira que sa fille a toujours été pour lui la « chose » la plus importante ; qu'on devrait avoir honte de lui reprocher de ne pas avoir voulu, par-dessus tout, son « bien »… Ces individus savent parfaitement défendre leurs intérêts dont ils ont toujours une vision très claire. Mais à peine sont-ils mis en cause qu'ils jouent les chevaliers blancs, se réclamant des valeurs les plus nobles telles que l'intégrité, le respect, le devoir. Mais au bout du compte, ils détruisent toute forme de confiance, non seulement vis-à-vis d'eux, mais aussi et surtout les dernières bribes de confiance en soi que peuvent conserver ceux qui se sont progressivement laissé abuser…

CHAPITRE 8

Au nom du désir

> Je me suis rarement perdu de vue : je me suis détesté, je me suis adoré – puis nous avons vieilli ensemble.
>
> Paul Valéry, *La Soirée avec M. Edmond Teste*

> Aimer la perfection parce qu'elle est le seuil,
> Mais la nier aussitôt connue, l'oublier morte,
> L'imperfection est la cime.
>
> Yves Bonnefoy, *Poèmes (1947-1975)*

Les dissimulateurs ne sont pas les seuls à trahir notre confiance. Ne sommes-nous pas, à un moment ou à un autre de notre vie, tous soumis aux reflets trompeurs de nous-mêmes ? Nous nous forgeons souvent une idée qui ne correspond pas à celle qu'un simple miroir nous renvoie. Aussi beau soit-il, il comble rarement nos attentes. L'image qu'il donne à voir peut même ébranler notre confiance. En 1682, lorsque la Galerie des glaces de Versailles fut ouverte au public, des cris d'admiration saluèrent le spectacle : dix-sept croisées de glaces, placées face à chaque fenêtre, accueillaient les visiteurs. Signe des fastes de l'époque, cet événement illustre la fascination humaine pour les miroirs et leurs reflets scintillants qui commencent à enseigner la *relativité* des points de vue. C'est ainsi que Vélasquez joue de façon magistrale avec les spectateurs et leur regard, dans son célèbre tableau *Les Ménimes* (1656). Le chatoiement lumineux et coloré du premier plan se révèle être un leurre : la figure du peintre, reléguée à gauche du tableau, regarde ailleurs, hors champ, et suggère que le chambellan de la reine est, en fait, son propre double. Vélasquez rappelle ainsi que le visible peut être un simple reflet trompeur, une pure apparence. « Les miroirs devraient apprendre à réfléchir avant de nous renvoyer notre image », disait ironiquement Jean Cocteau. Tout miroir, en effet, est un objet révélateur et un interlocuteur. Témoin de la réalité, il abuse parfois aussi de notre confiance en cachant une réalité qui se dérobe à notre regard. Notre confiance est trompée par l'image que le miroir nous renvoie de nous-mêmes, avant même de pouvoir être trahie, plus ou moins volontairement, par les autres.

Miroirs et reflets

Dans un roman de Luigi Pirandello, *Un, personne et cent mille* (1927), le drame de Vitangelo Moscarda commence devant un miroir, lorsque le jeune homme prend conscience de l'écart qui existe entre l'image qu'il a de lui et celle que le miroir lui renvoie. En se regardant, il découvre un étranger : un autre dont la présence est à la fois proche et lointaine. Fils d'un riche banquier sicilien et menant une vie confortable, Vitangelo Moscarda arrive à l'âge de vingt-huit ans sans avoir jamais eu à s'interroger sur son identité. Le jour où il s'attarde devant une glace et que sa femme lui demande s'il cherche à comprendre de quel côté « il a le nez de travers », tout bascule. Comment était-il vu par les autres ? « La pensée que je n'étais pas pour autrui tel que je me l'étais figuré jusqu'alors, me devint une vraie obsession[1]. » Pour la première fois, l'homme se rend compte que l'image que les autres ont de lui ne coïncide pas avec la sienne : les yeux qui le regardent ne voient pas ce qu'il voit ; la vie que les autres lui attribuent lui demeure impénétrable : « Si je n'étais pas pour autrui celui que j'avais cru jusqu'ici être pour moi, qui donc étais-je ? » Moscarda assiste à l'éclatement de sa personnalité en cent mille fragments, et devient progressivement le spectateur inerte de sa vie :

> Comment tolérer en moi la présence de cet étranger ? Cet étranger que j'étais moi-même pour moi ? Comment renoncer à le voir, à le connaître ? Comment rester condamné à le porter avec moi, en moi, visible pour les autres et cependant invisible pour moi[2] ?

1. Luigi Pirandello, *Un, personne et cent mille* (1927), Paris, Gallimard, 1930, p. 14.
2. *Ibid.*, p. 25.

Le reflet spéculaire est toujours un lieu d'étonnement : devant un miroir, on est à la fois spectateur de sa représentation et acteur de l'image qui se reflète ; on accède à des vues en général cachées, mais on est aussi désorienté et parfois trahi par leur infidélité. Le miroir nous « piège », car il introduit un écart au cœur même de la ressemblance : tantôt il met en évidence la ressemblance et aide à l'identification du « même » ; tantôt il déstabilise le regard, révélant l'« autre » ; tantôt encore il projette dans un monde imaginaire, en simulant le regard des autres[1].

Dans le miroir, on se cherche et, en même temps, on se perd. Le miroir abuse de notre confiance et, par l'impossibilité de concilier l'image qu'on a de soi et le reflet spéculaire, il menace de nous faire perdre la tête. C'est ce qui arrive à la reine dans le conte de Grimm *Blanche-Neige*. Se contemplant dans une glace, elle interroge le miroir : « Miroir, miroir magique, dis-moi qui est la plus belle ? » « Ô Reine – lui répond-il – tu es très belle, mais, derrière les sept collines, dans le bois auprès des nains, Blanche-Neige est mille fois plus belle que toi. » La réponse est sans équivoque, autant que le reflet qui fige l'image du visage de la reine hors du temps et de l'espace. L'image spéculaire ne lui ment pas, mais elle trahit sa confiance, car elle ne flatte pas sa vanité et la laisse sans espoir.

1. Michel Thévoz, *Le Miroir infidèle*, Paris, Minuit, 1996.

Les images que le miroir produit n'ont pas un statut clair : à bien des égards, elles sont « identiques » aux objets représentés, mais elles sont aussi « illusoires ». Tout miroir est à la fois *loyal* et *trompeur*. L'image spéculaire est toujours indépassable et sidérante. Pour le meilleur et pour le pire. Songeons au *Vilain petit canard* d'Andersen : « Il pencha la tête sur la surface de l'eau, attendant la mort... mais que vit-il dans l'eau claire ? Il vit sous lui sa propre image, mais qui n'était plus celle d'un oiseau gris tout gauche, laid et vilain. Il était lui-même un cygne. » Mais la surprise n'est pas toujours aussi agréable. La vérité peut aussi ébranler la confiance que nous avons en nous-mêmes et dans les autres, comme le rappelle Oscar Wilde dans *L'Anniversaire de l'infante*. En détruisant les illusions d'un nain, le miroir détruit aussi sa confiance dans la vie et son espoir de bonheur. L'infante d'Espagne fête ses douze ans et le roi lui accorde la permission de jouer avec les invités de son choix. Tout le monde s'amuse ensemble, grâce notamment à la présence d'un nain qui danse merveilleusement bien. L'infante lui donne la rose blanche qui orne ses cheveux et, juste avant d'aller jouer avec ses amis, lui demande de préparer une autre danse. Tandis qu'il erre autour du château, attendant les enfants pour danser à nouveau, le nain s'approche d'un miroir et voit l'image d'un monstre. Effrayé, il s'en détourne. Puis il remarque que le reflet imite ses mouvements et se rend compte qu'il est le monstre qui s'agite devant lui. Il est laid et difforme, mais, avant de se regarder dans le miroir, il l'ignorait. C'est le miroir qui le lui révèle, à l'improviste.

Si le vilain petit canard se réjouit en se découvrant cygne, le nain, lui, découvre par le miroir sa difformité. La confrontation à ses limites et ses insuffisances, certes douloureuse pour tout le monde, se transforme, ici, en une douleur si profonde que le nain y succombe. Être différent des autres ébranle tellement sa confiance que cela ne lui permet pas de survivre. L'image dans le miroir ne fait que révéler sa faille interne. Le psychiatre Christophe André raconte que certains de ses patients évacuent tous les miroirs de leur domicile : ils ne supportent pas leur image ; ils pensent que leurs échecs dans les relations sociales dépendent de leurs défaillances et qu'en évitant les miroirs ils pourront oublier leurs défauts. Mais le miroir ne les trahit pas ; il ne fait que révéler leur manque de confiance en eux-mêmes.

Le miroir cache et occulte, au moins autant qu'il donne à voir : il alimente la peur, en nous obligeant à nous confronter à notre reflet. Et multiplier les miroirs ne règle pas le problème : les jeux de miroirs ne font que reproduire les reflets à l'infini, en engendrant parfois un monde encore plus hostile et inhabitable. Comme le prédit Borges, même les sons finiront par être écrasés par les miroirs et la froideur de leur reflet sans mémoire :

> Je les vois infinis, élémentaires
> Exécutants d'un antique contrat,

> Multiplier le monde comme l'acte
> D'engendrer, insomniaques et fatidiques[1].

Borges a horreur des miroirs. Leur surface est impénétrable et leurs reflets infinis dessinent les contours d'un monde inhumain. Dans un monde multiple, on n'est jamais seul. Un autre nous guette. Un autre qui nous ressemble et qui, pourtant, n'est pas nous. Au point de nous faire ressentir l'horreur de n'être qu'un reflet, de ne plus avoir de consistance, de ne plus pouvoir se fier à qui que ce soit.

Lorsqu'on sort du monde des reflets spéculaires, cependant, et que l'on cherche à bâtir des relations durables avec autrui, la question de la confiance doit se poser de manière différente. Comme nous l'avons vu, en effet, la possibilité de la trahison n'empêche pas la confiance. La trahison est, au contraire, l'une de ses composantes. Tout le problème, dès lors, consiste à faire en sorte que les échecs ne deviennent pas systématiques, sans pour autant renoncer à toute forme de dépendance aux autres. Car, s'il y a un risque à faire confiance aux autres, il y en a aussi à ne pas leur faire confiance. Lorsqu'on se méfie de tout le monde, on consacre une énergie folle à vérifier, observer, surveiller. On vit alors dans un état de tension constante. On construit autour de soi un monde étouffant qui empêche de profiter de la vie.

1. Jorge Luis Borges, « Les miroirs », in *L'Auteur et autres textes*, Paris, Gallimard, 1982, p. 123.

De la vulnérabilité

La confiance ne donne jamais de garanties. Si j'en avais, si j'étais sûr que la personne à qui je fais confiance était toujours à la hauteur de mes attentes, alors tout serait réglé d'avance. Pas de regret. Pas de surprise non plus. Car la vulnérabilité dans laquelle je me trouve lorsque je me fie à l'autre ouvre la voie au pire comme au meilleur. Je dépends du bon vouloir d'autrui. Je garde juste la possibilité de ne pas m'effondrer complètement si je suis trahi. Mais pour ce qui est de la relation à l'autre, je ne contrôle rien. C'est alors que la confiance montre son vrai visage. La confiance en soi, tout d'abord, car face aux réactions souvent imprévisibles des autres, il faut pouvoir s'appuyer sur soi, sur un noyau dur, un certain nombre de ressources intérieures capables de nous garantir un minimum de cohésion interne. La confiance dans les autres, ensuite. Une confiance toujours complexe et difficile, car elle présuppose tout à la fois un pari, un don peut-être sans retour, et la capacité de faire face à la trahison. Mais c'est aussi grâce à ce jeu de miroirs entre la confiance en soi et la confiance dans les autres que le désir individuel trace son chemin et nous permet de nous affirmer – d'affirmer notre puissance d'être, comme dirait Spinoza – et de devenir sujets de notre existence.

Être autonome, nous l'avons vu, signifie avoir suffisamment de confiance en soi pour arriver à bâtir un *projet de vie*, comptant à la fois sur soi et sur les autres. Mais un tel projet ne se construit pas uniquement à partir d'une réflexion rationnelle. Pour donner une direction à son existence, un individu doit, certes, pouvoir analyser et, le cas échéant sélectionner, ses préférences, ses désirs et ses goûts. Mais cette analyse et cette sélection relèvent rarement de la pure rationalité : pour faire un choix ou prendre une décision, je dois pouvoir non seulement en évaluer rationnellement les conséquences, mais aussi les apprécier de l'intérieur[1]. Il y a plus d'un siècle, Nietzsche avait déjà montré le partage impossible des processus de pensée en termes de « sensible » et d'« intelligible » : « Sous chaque pensée gît un affect[2] ». Pour Nietzsche, toute instance intellectuelle se rapporte à des sources d'ordre pulsionnel et affectif. Dire que je désire quelque chose ne signifie pas uniquement que je considère qu'obtenir cette chose soit pour moi un bien. Désirer quelque chose signifie aussi la vouloir. Je peux être tout à fait convaincu qu'une chose est « bonne » pour moi, mais je peux en même temps ne pas la vouloir. Et vice versa. Je peux continuer à désirer quelque chose tout en sachant que ce n'est pas « bon »

1. Voir à ce propos : Charles Taylor, « What is human agency », in *Philosophical Papers*, Cambridge, Cambridge University Press, 1985, p. 17-49 ; Henry Frankfurt, « La liberté de la volonté et la notion de personne » (1971), *in* Marc Neuberg (dir.), *Théorie de l'action. Textes majeurs de la philosophie analytique de l'action*, Bruxelles, Margada, 1991, p. 253-269.

2. Friedrich Nietzsche, *Fragments posthumes* (1885-1887), in *Œuvres philosophiques complètes*, Paris, Gallimard, t. XII, 1979, 1, 61.

pour moi. Je peux, par exemple, être parfaitement conscient du fait que le tabac a des effets très nocifs sur mon organisme, mais je peux continuer à fumer car je ne veux pas me priver du plaisir que me procurent les cigarettes. Je peux comprendre que tromper mon compagnon risque de compromettre notre relation et que, en agissant ainsi, je ne vais pas me montrer digne de la confiance qu'il a en moi, mais je peux céder au charme d'un homme que je croise dans la rue et ne pas vouloir renoncer à cette aventure.

Il y a quelque chose du désir qui nous échappe et qui, tout en nous conduisant à agir d'une façon particulière, reste pour autant opaque, dès que nous essayons de le comprendre. Le désir, en effet, n'est pas seulement une force qui me pousse à l'action ; il est aussi ce qui surgit au plus profond de mon être, ce qui renvoie à mon « incomplétude ». Le manque est la condition de tous mes projets. C'est ce qui marque mon rapport au temps, à l'espace, à l'autre[1]. C'est pourquoi, la plupart du temps, le désir humain évolue. Le rapport que j'établis avec le monde n'est jamais assuré une fois pour toutes. Aucune

1. « Sujet au désir, sujet du désir, l'homme n'est pas un être *de désir*, un "désirant", comme il est un être parlant, pensant, respirant, se mouvant…, il est l'être *du désir*. Le désir n'est pas son attribut, ce qui appartiendrait à son essence, comme ses propriétés anatomiques ou physiologiques, ses états psychiques ou son intelligence. Il ne fait pas partie de son "équipement existentiel", ne constitue pas une des "données" de l'homme, il est ce qui le donne. L'homme n'a pas des désirs, c'est le désir, *son* désir, qui l'a, le porte, le fait homme. Son "humanité" est produite par lui : tout entière elle est sa chose, son œuvre » (Georges-Hubert de Radkowski, *Les Jeux du désir* [1980], Paris, PUF, 2002, p. 179).

forteresse intérieure ne me protège indéfiniment des égarements, des regrets, des faillites, des retournements. « Je » n'est jamais une entité stable et immuable : il change, il s'ouvre, il se déchire, il éclate, il se referme… En dépit de sa fragilité structurelle, il cherche, cependant, son point d'ancrage dans le monde. Pendant toute notre existence, nous cherchons à dire « je » et à construire un espace où notre « je » puisse s'inscrire. Ce qui implique, bien sûr, la possibilité de compter sur soi, sans chercher à « faire semblant » d'*être* et de *désirer* ce qu'au fond de nous, nous ne *sommes* pas, nous ne *désirons* pas.

Cela explique que nous soyons souvent écartelés entre l'envie de nous protéger d'autrui – de son regard, de son jugement – en nous efforçant de correspondre à ses attentes, et le désir de nous abandonner à lui en toute confiance, pour que notre « je » puisse surgir. Nous cherchons à préserver notre propre différence tout en voulant être comme les autres. Nous espérons réaliser quelque chose (une œuvre, un rêve, un projet, etc.) pour laisser une trace derrière nous. Mais, parfois, le sens de la vie nous échappe, le désir qui nous anime n'a pas de contours précis. Comment alors réussir à dire « je » ?

La tentation de l'imposture

Face aux pressions sociales et à la menace d'échec, chacun peut avoir tendance à « faire semblant » et à répondre aux attentes des autres sans écouter son propre désir. On peut alors opter pour une attitude de retrait : même si j'ai envie de partager ma vie avec quelqu'un, j'évite de m'exposer au jugement d'autrui et je reste seul. L'autre étant toujours une menace, je me convaincs que je ne peux jamais lui faire confiance et je fuis toute situation où je pourrais lui montrer mes faiblesses et mes failles. Mais on peut aussi choisir une attitude différente, plus « offensive » : je cherche à jouer un rôle ; je prends un masque et je me cache derrière un personnage sûr de lui et moqueur. Je n'ai pas vraiment confiance en moi, mais je ne le montre jamais. Surtout, je n'ai aucune confiance dans les autres, mais je fais semblant d'avoir une vision positive du monde, je fais comme si tout le monde s'appréciait et s'aimait. Je mens à tous, y compris à moi-même. Mais je suis convaincu qu'il vaut mieux mentir que risquer de m'exposer au regard malveillant des autres. Je peux aller jusqu'à édifier ce que les psychanalystes appellent un « faux self » : sûr de moi quand je suis avec les autres, je m'effondre dès que je demeure seul, car je sais que rien de ce que je donne à voir n'est sincère.

Tout le monde se souvient d'un fait divers, brillamment adapté au cinéma par Nicole Garcia dans *L'Adversaire.* Cette histoire bouleversa, en 1993, la France entière. Pendant dix-huit ans, Jean-Claude Romand avait menti à tout le monde. Se faisant passer pour un important médecin, il n'avait, en réalité, aucune activité professionnelle. Il passait ses journées dans sa voiture, tandis que sa famille vivait confortablement grâce à l'argent que ses parents lui avaient confié pour qu'il le gère au mieux. Sur le point d'être découvert, l'homme décidera de supprimer tous ceux qu'il avait trahis et dont il ne pouvait supporter le regard. Il assassinera alors sa femme, ses enfants et ses parents. Puis il tentera, en vain, de se supprimer. Sous ses airs de père de famille modèle, se cachait un véritable imposteur qui, pris à son propre piège, s'était transformé en bourreau.

Cette histoire est, fort heureusement, assez exceptionnelle. Rares sont ceux qui arrivent à bâtir toute leur vie sur une imposture aussi énorme. Moins rares, cependant, sont ceux qui « trichent » tout au long de leur existence ; ceux qui ont tellement peur de décevoir leur entourage qu'ils choisissent de jouer la comédie. Parfois au prix non seulement de leur bonheur, mais aussi de leur vie. Christophe André raconte l'histoire d'un de ses collègues, un psychiatre qui se montrait toujours sûr de lui et positif et qui un jour, à l'improviste, s'est suicidé. Quand on n'accepte pas ses défaillances et ses imperfections, il arrive qu'on le paie de sa propre vie. Car l'imposture a toujours un coût. Si on ne se montre pas tel qu'on est, on substitue au risque d'être trahi par les autres celui, bien plus grave, de ne jamais pouvoir être soi-même et ne jamais parvenir à bâtir des relations de confiance.

Dans un rapport affectif, rien n'est jamais parfait. Il y a toujours un défaut quelque part. Si je recherche la perfection, je ne peux que me trahir, tout en trahissant aussi l'autre. Je risque de ne pas prendre le temps de savoir ce qui compte réellement. Car le chemin qui conduit à la confiance passe nécessairement par la prise en compte des changements de mes propres attentes ainsi que des attentes d'autrui.

Vouloir être « unique » et « parfait » aux yeux de l'autre renvoie, certes, à une vérité : chacun de nous recherche la confiance totale. Il est naturel d'attendre de l'autre qu'il reconnaisse notre demande. Toutefois, la curiosité étant aussi un sentiment naturel, l'être humain doit bricoler avec ce désir de confiance totale et les pulsions qui le poussent à tromper. Souvent, à travers l'amitié et l'amour, on aspire à vivre dans un état de non-danger, à faire l'expérience d'un bonheur reposant non seulement sur l'assurance que l'autre ne pourra jamais nous décevoir, mais aussi sur l'illusion que l'autre nous protégera toujours de notre propre ambivalence et de notre propre traîtrise. C'est cependant au sein même de ces relations privilégiées et intimes que surgit la trahison, sauf à tricher avec l'autre, ainsi qu'avec soi-même, ou, pis encore, à se mettre en dehors de la vie réelle. Car il peut toujours arriver que je m'écarte de celui que j'ai été ou encore que je me découvre différent par rapport aux attentes d'autrui.

Parce que nous sommes des êtres humains, il nous est impossible de ne pas désirer ou être désirés, de ne pas séduire ou être séduits, de ne pas duper ou être dupés, de ne pas fuir ou abîmer les choses. Ainsi, dans une relation de confiance, il ne s'agit pas de demeurer figé dans nos sentiments. « Car c'est alors la mort qui rôde. Le désir [...] n'est jamais sans surprises. Espace ouvert confié à de nouvelles manières de se signifier[1]. » La confiance est quelque chose que l'on construit, pour soi et pour l'autre ; quelque chose qu'on « fait » et, parfois, qu'on « défait ». Elle se développe lorsqu'on s'efforce d'habiter et de séjourner dans un lieu de transit, dans l'espace du va-et-vient de la rencontre. Comment faire, cependant, pour réintégrer à l'intérieur du récit de sa propre vie une trahison qui nous a particulièrement blessé ? Peut-on encore faire confiance à l'autre si celui-ci nous trahit ?

Dans le film de Ferzan Ozpetek, *Tableau de famille* (2001), la vie d'Antonia bascule le jour de la mort de son mari Massimo. Après plus de quinze ans de vie commune, elle n'arrive pas, au départ, à faire le deuil de sa disparition. Le souvenir de son mari hante ses journées, s'insinuant jusque dans les méandres de son inconscient, car cette perte n'est pas seulement celle de l'autre, c'est aussi celle d'une part d'elle-même. Mais, un jour, en rangeant les affaires de son mari, elle tombe sur un tableau qu'elle ne connaissait pas, dédicacé à Massimo par la « fée ignorante ». Déterminée à connaître l'identité de celle qu'elle croit avoir été la maîtresse de son mari, elle découvrira peu à peu la double vie de Massimo. Son mari la trompait, de surcroît avec un homme. C'est avec lui qu'il partageait une partie importante de son existence, sans qu'elle s'en soit jamais rendu compte. Du jour au lendemain,

1. Véronique Margron, *La Douceur inespérée*, Paris, Bayard Éditions, 2004, p. 82.

tout s'effondre. Comment a-t-il pu la trahir ? Pourquoi ne lui a-t-il jamais parlé de cette relation ?

En fréquentant la communauté gay qui entourait Massimo, elle découvre un monde où chacun cache à ses proches sa propre « vérité ». Comment en serait-il autrement lorsqu'on a peur de perdre l'amour de son conjoint ? Beaucoup mentent pour ne pas souffrir et faire souffrir. Les homosexuels que rencontre Antonia sont pris non seulement au piège de la confiance que leurs proches leur accordent mais aussi d'une certaine représentation d'eux-mêmes qui ne correspond pas, ou peu, à ce qu'ils sont réellement. En se retrouvant secrètement, ils cherchent à recréer un monde dans lequel ils n'ont pas à mentir ni à cacher ce qu'ils sont. Ils ont donc nécessairement une double vie car ils savent qu'ils ne pourraient pas être acceptés *tels qu'ils sont.* Mais que reste-t-il alors de la confiance entre deux êtres dès lors que l'un exclut l'autre d'une partie essentielle de sa vie ? La réponse à cette question n'est pas aussi simple qu'il y paraît. Il suffit de s'interroger sur le cas de Massimo et Antonia. Qui a trahi vraiment l'autre : celui qui cachait quelques secrets intimes ou celle qui, une fois mise au courant, n'aurait probablement pas été capable d'accepter l'autre tel qu'il était ? Pour autant, la force de *Tableau de famille* tient à ce que l'amour d'Antonia est tel qu'elle parvient à dépasser ses préventions. Elle cherche à comprendre le monde secret de Massimo. Celui-ci a-t-il eu raison de lui cacher sa véritable nature ? N'aurait-il pas eu tout à gagner à lui faire un peu plus confiance ?

Tout le problème de la confiance dépend du fait qu'elle fonctionne selon la logique du don : faire confiance à quelqu'un, c'est lui faire un cadeau ; c'est lui donner accès à une partie intime de nous-même ; c'est une forme de « lâcher prise », sans avoir l'assurance qu'elle sera payée de retour. La confiance suppose d'accepter le risque de la tromperie ou de la duplicité des autres. L'effet « boule de neige » n'est pas garanti d'avance. Il n'est pas vrai qu'à force de faire confiance, les autres se montreront nécessairement à la hauteur de nos attentes. Mais même dans ce cas, le pari de la confiance a un coût moins élevé que celui de la méfiance.

Donner sa confiance

Un don est en général un moyen d'établir des relations et de « faire lien ». De ce point de vue, il est une forme d'échange, même si c'est un échange que l'on ne peut réduire à ses éléments économiques. La nature relationnelle du don renvoie à la dimension éthique de la gratuité, et la gratuité, elle, s'oppose à la logique de l'intérêt qui sous-tend les échanges marchands. Qu'il s'agisse de biens et services ou de paroles, de temps et d'amour, le don a toujours lieu sans garantie de réciprocité. Pour autant, en donnant, je cherche à créer, enrichir ou recréer des liens avec les autres : ce qui compte dans un don n'est pas le « bien donné », mais l'échange que celui-ci rend possible[1]. Dans ce contexte, le don fait apparaître une dimension de la valeur des biens que les économistes ignorent. À la suite d'Aristote, en effet, les économistes Smith, Ricardo, ou encore Marx, posent que les biens valent, d'une part, en fonction des besoins qu'ils permettent de satisfaire (c'est leur valeur d'usage) et, d'autre part, en fonction de la quantité des autres biens ou de la quantité de monnaie qu'ils permettent d'acquérir (c'est leur valeur d'échange). La valeur du don est en revanche liée à sa capacité à créer et à reproduire des *relations*. Au point que, « ne pas attendre un retour déterminé » ne signifie pas ne rien attendre du tout, ou agir sans motivation, sans visée et sans raison. Donner signifie s'exposer à la possibilité que ce qui revient diffère de ce qui est parti, ou ne fasse pas retour du tout[2].

Un don existe aussitôt qu'est acceptée la possibilité d'absence de réciprocité. En même temps, il serait « impensable » s'il n'y avait pas l'espoir d'une réciprocité. Donner sans attendre de retour est la condition même du don. Mais donner sans même imaginer que le don puisse être reçu n'a aucun sens. Le don est un échange, sans qu'il s'y réduise. Il est à la fois condition-

1. Benveniste, dans son étude sur l'étymologie du don, explique comment, à chaque fois que l'on parle de don, on parle à la fois de « partage » et de « captation ». De ce point de vue, le don serait un présent dont le retour serait potentiel, mais présent tout de même. Voir « Don et échange dans le vocabulaire indo-européen », in *Problèmes de linguistique générale*, Paris, Gallimard, 1988, p. 315-326.

2. R.M. Titmuss, *The Gift Relationship : From Human Blood to Social Policy*, Middlesex, Penguin Books, 1993.

nel et inconditionnel, intéressé et désintéressé, gratuit et conditionné. Comme l'écrit Baudelaire dans l'un de ses poèmes en prose, « La fausse monnaie »[1], la situation dans laquelle se trouve un donneur lorsqu'il donne est un mélange de composantes psychologiques, morales et économiques. Dans ce poème, un homme offre, un jour, une grosse pièce à un mendiant. Cette pièce, cependant, est fausse. Alors, se demande Baudelaire, en quoi consiste ce don ? S'agit-il d'un geste de charité ou simplement d'une bonne affaire, ou des deux à la fois ? Ne s'agit-il pas tout simplement de créer un événement ?

La pratique du don a toujours eu un rôle central dans les sociétés archaïques et primitives en représentant une forme particulière d'échange. Comme l'a bien montré Mauss, le concept de don n'a pas seulement une importance théorique, il a aussi une valeur descriptive dans le domaine des sciences sociales[2]. L'objectif de Mauss est de dresser une archéologie des transactions humaines avant l'apparition du marché et des formes modernes de l'échange, afin d'arriver à une critique de l'individualisme économique et de l'utilitarisme, et de montrer la possibilité effective d'une société régie par le don-échange. Pour Mauss, la société contemporaine est en danger si l'on ne revient pas en

1. Charles Baudelaire, « La fausse monnaie », in *Œuvres complètes*, Paris, Laffont, 1980.

2. Marcel Mauss, « Essai sur le don » (1925), in *Sociologie et anthropologie*, Paris, PUF, 1950, p. 143-279.

arrière en renonçant à la recherche de l'utile à tout prix dans les échanges économiques. Dans ce contexte, le sociologue étudie les règles d'échange qui existent en Polynésie, et dans quelques grands systèmes juridiques anciens. En particulier, il s'intéresse au *potlach* (« prestations totales de type agonistique ») qui est un système particulier d'échange comportant trois moments complémentaires : l'obligation de donner ; l'obligation de recevoir ; l'obligation de rendre. C'est pourquoi l'échange fonctionne pour Mauss « sous une forme désintéressée et obligatoire en même temps » ; il y a une règle (une « vertu », nous dit Mauss) qui force les dons à circuler, c'est-à-dire à être donnés et rendus. Ce qui implique non seulement que le donateur donne, que le donataire reçoive et que le donataire rende, mais aussi que chacun doive respectivement donner, recevoir et rendre. La particularité de cet échange, cependant, est que le *potlach* ne peut être compris si on se contente de l'analyser en termes d'utilité. Derrière cet échange il y a l'idée d'une prestation qui, sans être gratuite ou désintéressée, n'est pourtant pas quantifiable d'un point de vue économique. Les dons sont faits pour établir des alliances permanentes qui ne peuvent pas être refusées. À partir de cette interprétation des sociétés archaïques et de leur conception de l'échange obligatoire, Mauss établit un schéma de la donation qui s'articule en un donateur, un don et un donataire, et qui illustre, en principe, un rapport de réciprocité, puisque la gratuité de la part du donateur réclame, quoique tacitement, une restitution de la part du donataire. Le don est ainsi non seulement le moyen nécessaire pour produire et reproduire les structures de base de la société – et donc pour faire valoir l'existence et les droits d'une autre économie, l'économie symbolique du don/contre-don, sous-jacente ou parallèle à celle du marché – mais il est aussi une catégorie morale universelle. À la différence de l'utile économique, qui est un *intérêt à* et qui est de l'ordre de l'instrumentalité, l'intérêt personnel dont parle Mauss est un *intérêt pour*, en vertu duquel les choses, en plus de leur valeur vénale, ont une valeur affective. Doit-on pour autant penser que chaque don implique obligatoirement un contre-don, comme le prétend Mauss ?

C'est la fameuse critique de Jacques Derrida : « À la limite, le don comme don devrait ne pas apparaître comme don ni au donataire, ni au donateur[1]. » Pour le philosophe, le vrai don serait le don de quelqu'un qui, sans raison, donne sans savoir qu'il donne à quelqu'un qui ne lui devrait jamais rien puisqu'il ne saurait pas qu'on lui a donné. À partir d'une critique du schéma de Mauss où le don ne contredit pas l'échange – parce que le contre-don de Mauss représente, pour Derrida, une forme de paiement de la dette – le philosophe aboutit à la négation même du don : « En ce sens le don est l'impossible. Non pas impossible mais l'impossible. La figure même de l'impossible[2]. » Un don qui oblige le donataire à la restitution, en effet, évacue du don

1. Jacques Derrida, *Donner le temps. La fausse monnaie*, Galilée, 1991, p. 26.
2. *Ibid.*, p. 19.

toute donation en détruisant la possibilité même d'un vrai don, c'est-à-dire d'un don non générateur de dette. Le don devient ainsi un point de mise en crise de la pensée morale. En instillant le doute sur la sincérité des raisons qui peuvent me conduire à donner, Derrida s'inscrit dans la droite ligne des analyses sartriennes de la *bonne foi* : si je sais que je donne, *a fortiori* si je montre que je donne, je me paie de reconnaissance et, donc, je ne donne plus. La perte de ce que je donne, en effet, devient le gain par excellence, puisque j'y gagne moi-même contre un don qui valait moins que moi. De l'autre côté, dès que le donataire s'aperçoit du don reçu, la gratitude transforme la donation en échange et l'échange, en tant que tel, appartient au domaine de l'économie. Si donation il y a, elle implique la suspension de l'échange : pour qu'il y ait don, il faut que le donataire ne rende pas le don et donc ne sache pas qu'un don lui advient ; il faut en même temps que l'oubli du don soit radical du côté du donateur.

Entre le don et l'échange, il y a pour Derrida une incompatibilité que Mauss n'aurait jamais comprise. Dès que le don échangé n'est qu'un prétexte pour un rendu, le seul résultat est l'annulation du don : « La vérité du don […] suffit à annuler le don. La vérité du don équivaut au non-don ou à la non-vérité du don[1]. » Mais comment comprendre ce nœud de négation ? Y a-t-il encore une place pour l'existence du don ?

1. *Ibid.*, p. 42.

Attente et gratuité

Saint Thomas ne s'était pas montré aussi radical que Derrida. Dans la vie de tous les jours, le don peut exister s'il vise à créer un ensemble de relations libres : il ne peut se manifester sans aucune forme de réciprocité, même si celle-ci reste toujours libre. Le don est toujours donné gratuitement et « sans intention de rétribution[1] » ; mais il ne peut être pensé dans l'absence complète de désir, d'échange, d'affects et de réciprocité. Il suffit de penser au don d'amour. Si je donne mon amour à quelqu'un, je ne peux jamais être sûr que la personne aimée va m'aimer en retour. Au contraire. En donnant mon amour, je me rends vulnérable à autrui et je dépends de sa réponse : il peut me donner lui aussi son amour, mais il peut aussi refuser de m'aimer, voire même me mépriser. En même temps, si je ne prends pas ce risque, je ne peux espérer qu'il me donne à son tour son propre amour. Que serait un don d'amour s'il n'y avait pas l'espoir d'une réciprocité, si le refus éventuel n'était pas suivi d'une profonde douleur et l'acceptation d'une grande joie ? Aurait-il du sens de penser le don d'amour comme un don dont la pureté comporte l'impossibilité d'un échange ? Si Derrida pointe justement du doigt la conception économique du don de Mauss, il ne nous

1. Saint Thomas, *Somme théologique*, *op. cit.*, Ia, q. 38, a2.

permet pas de comprendre la réalité, voire même la possibilité du don.

Si le don n'est pas le fruit d'une obligation, il ne se présente pas non plus comme le résultat d'un altruisme parfait et désintéressé : en tant que qualité intrinsèque de l'ordre des relations humaines, il ne peut être pensé qu'en relation avec les choix qui le déterminent. Ce qui ne le met jamais à l'abri de la possibilité qu'on utilise le don pour faire du chantage. Et il en va de même de la confiance : lorsqu'une personne me dit qu'elle me fait confiance, suis-je sûr qu'elle n'est pas en train de me piéger pour obtenir ce qu'elle désire sous prétexte de me faire confiance ?

Lacan montre de façon pertinente les ambiguïtés de certains dons[1]. En analysant les dynamiques familiales liées au don de la vie, il explique que la pathologie naît quand le fonctionnement d'une famille est centré de façon obsessionnelle sur un calcul strict entre ce qui est donné et ce qui est reçu. C'est une dynamique de « contrôle » et de réciprocité nécessaire. Si, chaque fois qu'il me donne quelque chose, mon père me fait comprendre que je suis obligé de lui donner autre chose en échange, je grandis avec la conviction que, dans la vie, rien n'est gratuit. Je peux alors être conduit à envisager mes relations futures comme des rapports où tout a un prix. C'est la logique du *donnant-donnant*; je te donne quelque chose et tu me donnes en retour ce que je te demande. Mais dans

1. Jacques Lacan, *Séminaire*, t. 2. *Le Moi dans la théorie de Freud*, Paris, Seuil, 2002.

cette logique sordide je peux aussi grandir avec l'idée qu'il ne faut jamais rien accepter car, si je reçois un don, je dois nécessairement payer ma dette. Ce qui rend impossible le surgissement de la confiance, car le fait de me soustraire aux « chaînes de la gratitude[1] » empêche l'autre de me témoigner sa confiance. Ce n'est qu'à partir du moment où le don est gratuit, et qu'il ne s'inscrit pas dans une logique de coercition, que les relations familiales peuvent se développer de manière non pathologique[2]. De même ce n'est que lorsqu'on me fait confiance sans attendre que je me montre toujours à la hauteur de la confiance reçue, que je peux être conduit à honorer cette confiance, sans que cela devienne une obligation.

Mais il y a aussi d'autres distinctions qu'il faut envisager du côté de celui qui reçoit un don : un don peut être simplement accepté ; mais il peut aussi être sollicité ou encore refusé. Si dans les sociétés archaïques le don ne pouvait pas être refusé parce qu'il y avait obligation de le recevoir et de le rendre, aujourd'hui il n'y a plus aucune obligation de l'accepter ou de le rendre. Un don est toujours un facteur de liens sociaux, mais les liens qui en découlent ne sont pas obligatoires. C'est la liberté qui caractérise l'action à la fois de celui qui « donne » et de celui qui « reçoit ». C'est ici que se révèle la nature paradoxale du don : celui qui donne

1. Niklas Luhmann, *La Confiance*, *op. cit.*, p. 50.
2. Voir à ce propos Mark A. Karpel, Eric S. Strauss, *Family Evaluation*, New York, Gardner Press, 1983.

gratuitement ne peut jamais exiger de récompense et de retour par le donataire, mais, en même temps, il attend souvent une réponse. La logique du don est une *logique asymétrique :* le donateur donne gratuitement sans pouvoir prétendre à un contre-don ; le donataire reçoit librement le don et peut librement décider de le rendre ou pas.

Il en va de même avec la confiance, dont la logique est similaire à celle du don. Lorsque je fais confiance, je ne peux exiger que ma confiance soit honorée. Je donne ma confiance non pas pour que la personne qui la reçoit se sente obligée de s'en montrer digne. Je ne lui fais pas confiance non plus parce qu'elle le « mérite ». La confiance ne se mérite pas, de même que l'amour. Sauf à tomber dans le piège d'une confiance conditionnelle : « je te fais confiance si... ». Pour que la confiance engendre des relations sereines et enrichissantes, on ne doit pas entrer dans une logique de chantage, la même logique qui, dans l'amour, étouffe l'autre sous le poids de la menace : « je t'aime si... ». On donne son amour comme on donne sa confiance. Dans les deux cas, il ne s'agit pas d'une dynamique sacrificielle : on ne doit pas être prêt à tout accepter au nom de l'amour ou de la confiance ; si l'on est humilié, blessé ou trahi de façon profonde, on ne peut plus aimer ou faire confiance. Mais qu'il s'agisse d'amour ou de confiance, jamais on ne peut connaître ou contrôler à l'avance les réactions des autres. On s'offre la possibilité d'une relation qui peut engendrer le pire comme le meilleur ; celle de suivre son désir et de s'engager auprès d'autrui. Et si, par la suite, l'autre nous trahit, nous saurons au moins que la peur de la trahison ne nous a pas empêchés de faire un pari, de miser à la fois sur nous-même et sur les autres.

Donner sa confiance, c'est au fond sortir de l'impasse de la peur, de l'angoisse, voire de la paranoïa. C'est lutter contre la tendance à croire que personne, même les proches, ne mérite notre confiance car, un jour ou l'autre, nous serons trahis. C'est s'ouvrir à la vie. C'est s'engager sur la voie du désir.

Prendre au sérieux le désir de l'autre

La confiance ne peut surgir qu'à partir du moment où quelqu'un s'engage à la première personne, au plus près de lui-même. Mais qui dit « je », lorsqu'on s'engage et que l'on dit « je te fais confiance » ? Le nœud du problème réside dans le fait que la confiance dépend aussi du degré de fiabilité de celui qui dit faire confiance, tout en laissant paraître qu'il sera toujours susceptible de trahir ses engagements. En prononçant son « je », on s'expose à la première personne. Et c'est à partir de cet engagement que la confiance entre en scène. Tout engagement possède à la fois une force normative et un pouvoir symbolique. Mais quel lien existe-t-il entre le « je » et le pacte implicite auquel il se livre ? Qui trahit-on lorsqu'on trahit la confiance qu'on nous fait ?

Dans les années 1980, Cornelius Castoriadis posait de façon pertinente la question du statut du sujet parlant, en expliquant qu'une « langue humaine est inconcevable dans laquelle, quelle que soit la forme grammaticale de la *réponse*, la *question* ne puisse pas être posée : *qui* a fait cela ? *qui* a dit ceci[1] ? ». La langue humaine est toujours la langue d'une société. Et la société est inconcevable si elle ne crée pas la possibilité d'imputer à quelqu'un ce qu'il dit ou ce qu'il fait. C'est pourquoi on ne peut mettre en question la valeur de la parole donnée sans en même temps déstabiliser l'existence des institutions humaines. Mais le philosophe français pointe aussi l'importance de savoir *qui parle* réellement lorsque quelqu'un parle, ce qui revient à poser la question de la subjectivité qui s'exprime par la parole. Lorsque je dis être prêt à honorer la confiance que je reçois, la parole qui s'engage a du sens et elle implique un engagement de ma part. Mais lorsque je m'engage, suis-je réellement en mesure de tenir mes engagements et de ne pas trahir la confiance reçue ?

C'est par le discours que je peux exprimer mon « je ». Mais cette expression est complexe et parfois les mots signifient autre chose que ce qu'ils semblent dire si on les prend au pied de la lettre. Toute parole est habitée par l'ambivalence. C'est l'ambivalence du dire et de l'être, du vouloir et du désirer. L'ambivalence d'une image que je tiens à confirmer et d'un désir que je n'arrive pas à assumer complètement. C'est pour-

1. Cornelius Castoriadis, « L'état du sujet aujourd'hui », in *Le Monde morcelé*, Paris, Seuil, 1990, p. 190. Voir aussi Vincent Descombes, *Le Complément de sujet*, Paris, Gallimard, 2004, p. 204-211.

quoi il faudrait toujours se garder d'identifier une personne à son discours et croire que son désir est tout entier contenu dans ce qu'il dit. En même temps, cela n'autorise personne à savoir pour l'autre, avant l'autre et à la place de l'autre ce qu'il en est de son désir. Car ne pas prendre au pied de la lettre la parole d'un individu ne signifie pas pour autant ne pas l'écouter. Au contraire. Cela signifie écouter ce qui est dit au-delà du simple énoncé ; entendre ce qui est dit entre les lignes ; répondre à ce qu'il dit même si nous ne sommes pas d'accord…

C'est là qu'on retrouve tout le défi de la confiance, comme le montre de façon remarquable le film de Clint Eastwood, *Million Dollar Baby*. Après avoir été un entraîneur de boxe renommé, Frankie tient, avec son meilleur ami Scrap, une petite salle où il s'occupe de boxeurs locaux. Délaissé par sa fille qui lui retourne toutes les semaines les lettres qu'il lui adresse, la boxe est désormais tout ce qui lui reste dans la vie. Celle-ci est, pour Frankie, une histoire de respect : on apprend à se faire respecter aux dépens des autres, tout en n'oubliant jamais la règle d'or qui demande à chaque boxeur de se protéger, à tout moment, quoi qu'il arrive. Il s'agit d'ailleurs d'un mot d'ordre qui dépasse les cordes du ring : c'est lui-même que Frankie essaie de protéger en évitant tout lien affectif. Le jour où une jeune femme, Maggie, se présente dans son gymnase et lui demande de devenir son coach, Frankie s'en tient d'abord à sa propre maxime : il ne veut pas prendre de risques (« je n'entraîne pas les filles ») et commence par refuser. Mais Maggie n'est pas prête à renoncer à son rêve : la boxe est pour elle le seul moyen de toucher du doigt les sentiments de fierté et de réussite qui lui ont fait défaut dans son enfance. Elle garde espoir : elle a grandi avec la certitude de ne rien valoir ; elle n'a plus rien à perdre. Elle a besoin de se montrer à elle-même et aux autres que sa vie peut avoir un sens.

L'inflexible détermination de la jeune femme arrive ainsi, bon gré mal gré, à convaincre Frankie. « Si j'accepte de t'entraîner, tu ne dis rien, tu ne discutes pas et moi j'essaierai d'oublier que tu es une fille », lui dit-il un jour. À partir de ce moment, Maggie s'abandonne à lui, lui fait entièrement confiance. Elle ne le quitte plus, même quand l'associé de Frankie, Scrap, lui conseille de changer de manager, si elle veut réellement progresser dans la boxe. Comme le dit Clint Eastwood dans une conférence de presse : « Ce qui m'a intéressé dans *Million Dollar Baby*, c'est le fait que ce ne soit pas vraiment une histoire sur la boxe. C'est une histoire d'amour entre une personne qui est perturbée par la relation non existante avec sa fille et une jeune femme dans laquelle il trouve une sorte de fille de remplacement. » En effet, Frankie ne peut abandonner Maggie. Il reste toujours à ses côtés, même après le terrible accident dont elle est victime lors d'un match de championnat du monde. Frappée dans le dos par son adversaire, Maggie tombe par terre et se cogne la tête sur un tabouret mal placé. Elle se réveille dans une chambre d'hôpital paralysée, incapable du moindre mouvement et sous respiration artificielle. Frankie prend alors en charge ses soins, lui lit des histoires, lui cherche une université où elle pourrait reprendre ses études. Mais Maggie, désormais, ne veut plus vivre : « Ne les laissez pas me voler ce que j'ai au fond de moi [...]. Je voudrais partir tant que j'entends encore le public crier mon nom. » Frankie est déchiré. Il ne veut pas la perdre. Mais il sait que la laisser vivre c'est, au fond, la faire réellement mourir. Elle a confiance en lui. Être à la hauteur de sa confiance, c'est accepter son désir de partir. « Mon amour, mon sang » : c'est avec ces mots qu'il l'accompagne lorsqu'il débranche le respirateur.

La confiance, c'est aussi cela : prendre au sérieux le désir de l'autre, même quand cela nous coûte plus que ce que nous n'étions prêts à accepter...

Conclusion

> Nous gagnerons plus de nous laisser voir tels que nous sommes, que d'essayer de paraître ce que nous ne sommes pas.
>
> La Rochefoucauld

Depuis le triomphe de l'idéologie libérale, nous sommes désormais censés vivre dans une « société de confiance ». Une société reposant sur l'« initiative personnelle » et le mythe de la « confiance en soi ». Une société où le lien entre les individus reproduit le modèle du rapport contractuel entre « un prêteur et un emprunteur ». Mais vivons-nous pour autant dans une société où les personnes se fient les unes aux autres ? En réalité, notre société contemporaine est une société de méfiance. C'est un monde où la peur gagne et le soupçon se diffuse. Nous vivons dans la religion du contrat et du « tout sécuritaire ». Nous abhorrons par-dessus tout le risque et faisons du contrôle un idéal à atteindre. Mais plus nous cherchons à tout maîtriser, plus le moindre « craquement de bois », comme disait Kafka, nous fait peur. Et la peur est contagieuse. N'est-ce pas pourtant l'incertitude qui devrait nous pousser à nous engager, parfois même au-delà du raisonnable ?

Faire confiance ne signifie pas attendre à tout moment l'aide et le soutien de l'autre. Avoir confiance, c'est admettre la possibilité du changement, de la trahison, du revirement. Il ne s'agit pas de se croire définitivement à l'abri du risque. La confiance nous oblige à un « saut dans l'inconnu ». C'est un pari. Mais ce pari, paradoxalement, n'est pas de l'ordre du « quitte ou double ». Il y a quelque chose qui relève du « reste » : mieux vaut risquer d'être trahi que de perdre toute possibilité de m'ouvrir aux autres et de m'enfermer dans une solitude stérile.

La confiance est une trace d'humanité. Elle nous renvoie à la fragilité et à la richesse de notre condition. Si l'homme a besoin de se fier aux autres, c'est parce qu'il n'est pas tout-puissant. Par cette ouverture à l'autre, il montre même qu'il est vivant. Si tout était établi et fixé une fois pour toutes, la vie ne serait qu'une suite monotone d'instants déjà vus… Attentes, désirs, délais, évitements, regrets, absences, présences : tout contribue à nourrir à la fois nos espoirs et nos faiblesses. Le désir qui nous habite n'est d'ailleurs rien d'autre qu'un mélange d'envie et de peur : l'envie que l'autre nous regarde et nous touche ; la peur que l'autre nous abandonne ou nous trahisse…

Pour surmonter angoisses et soupçons, la solution n'est pas de contractualiser toutes nos relations et de maintenir les autres dans un espace d'où ils ne puissent plus nous menacer et nous trahir. C'est un leurre de nous faire croire que nos faiblesses puissent disparaître dès lors que nous nous sommes protégés juridiquement. Personne n'est suffisamment puissant pour se passer d'autrui. Et, pour vivre ensemble, il faut apprendre à compter sur les autres et à leur faire confiance. S'il faut sortir de la logique marchande qui nous conduit à l'impasse, il serait tout aussi vain, cependant, de se laisser aller à une confiance inconditionnelle et aveugle qui nous laisserait sans défense et sans ressources, comme lorsque nous étions enfants et que nous dépendions complètement de nos parents.

Lorsque je fais confiance, je fais un pari ; je ne suis pas assuré par avance que ce pari soit le bon ; je peux même perdre. Mais en pariant, je me donne au moins la possibilité de découvrir l'autre et plus encore de me découvrir. C'est pourquoi la confiance ne peut être pensée qu'en relation, à la fois, avec l'incertitude et la certitude : l'incertitude du lien à l'autre qui, en dépit de tout, reste fragile ; la certitude de ressources intérieures qui peuvent me permettre de survivre même si l'autre me trahit. Le pari de la confiance, c'est le pari de l'homme.

TABLE

CET OUVRAGE A ÉTÉ COMPOSÉ
PAR IGS-CP À L'ISLE-D'ESPAGNAC (16)
ET ACHEVÉ D'IMPRIMER
SUR ROTO-PAGE
PAR L'IMPRIMERIE FLOCH
À MAYENNE EN SEPTEMBRE 2010

N° d'édition : 16383 – N° d'impression : 77616
Dépôt légal : septembre 2010
Imprimé en France